英語で学べば世界が見えてくる

スイス公文学園高等部の英語

Gateway to the world

スイス公文学園高等部校長
Kumon Leysin Academy of Switzerland (KLAS)
渡邉 博司

KLAS が語る国際教育

桜美林大学教授 吉田　恒
（スイス公文学園高等部 元校長）

　1990 年にスイス・レザン市に開校した Kumon Leysin Academy of Switzerland（以下、KLAS）から既に 1,243 名の若者が世界に飛び出した。ここで学んだ生徒とその保護者は、この日本の高校が提供する教育に絶大な信頼を寄せてきた。その教育実践を支える教育哲学とは何か。日本経済が安定成長期からバブル形成期に移行した 1980 年代後半、多くの日本の私立学校法人が海外校を展開していたが、最後にヨーロッパの中心に登場した KLAS の教育哲学はその射程の長さにおいて他を圧倒していたのだと今更ながら思い知らされる。急速に進展した国際化に対応する教育の在り方を探る上で、歴史あるスイスの国際全寮制学校が持つ「全人教育」をその根幹に位置付けている。そのため、日本の教育サーヴィスの文化に支配されることもなく、生徒や保護者の視野をグンと広げて世界の人間社会を意識させることができている。KLAS が語る物語は、まさにこの世界の人間社会の一員として生きようとする生徒それぞれの挑戦の物語でもある。

　この度出版された『英語で学べば世界が見えてくる - スイス公文学園高等部の英語』は、KLAS が提供する教育の全体像を描いている。英語教育から国際教育、そして日々の教育活動が有機的に機能しながら「全人教育」という大きな流れに合流すること、帰結として生徒の人間的成長に至っていることが丁寧に描写されている。英語教育という切り口から KLAS の教育を紹介しているが、英語教育がひとつの独立した教育プログラムとして語られているのではない。学校内の公用語を英語とし、学校コミュニティの構成員が全員でこの基本ルールを尊重することにより、学び舎には感知することができる凛とした独特な空気が醸成されてくる。意思疎通のための使用言語を英語にすることで、その使用が単に形式的な artificial necessity から自然に必要とされる natural necessity に変化した瞬間に可能になる教育がある。生徒の意識に大きな変化と思考の広がりを求め、自立へと導く教育である。この「見

えないカリキュラム」としての校風の中で行われる教科指導や教科外指導、そして寮生活指導の全体が現校長によりまとめられているのである。

　日本の高校生や大学生は頭に入れている知識の量は比較的多いものの、海外の国の生徒や学生に比べて自己表現力が非常に弱く、極端に消極的であると言われて久しい。若者だけではなく、成人した日本人一般においてもこれは真実である。日本の学校教育の特徴的な結果である。自身とごく親しい友人との狭い私的空間に閉じこもり、社会の一員としての当事者意識に欠ける。こうした特徴は、他者と意思疎通する上での意欲と態度に直接的に影響を及ぼす。私たち人間は社会的な生き物であること、ゆえに社会的に行動する。そして、行動にはそれぞれに目的があり、その目的に向かって歩む過程において様々な課題や問題が発生する。それらに対処し、問題を解決するためには同じく人間社会の構成員である他者とのコミュニケーションが必要となる。人生をこのように認識するならば、グローバル化が進展する人間社会を生きていく日本の若者は、多様な文化を持つ他者とのコミュニケーションを避けていくことはできない。1980年代の国際化時代から今日まで、この状況に対応するための教育改革が試みられてきた。しかし、特に中等教育における受験指導中心の教育の在り様を変えることはできないでいる。大学進学のための「準備機関」として、日本の若者を狭い私的空間に閉じ込めてきた中等教育の在り様をなんとしても変えたい。「岩盤」の如く日本社会に居座り続ける教育サーヴィスの文化を打ち破り、世界の人間社会に通用する国際教育を提唱して歩み続けたKLASの教育がここにある。時代に先駆けた25年に及ぶ教育実践の記録である。

　本書にはKLASの英語教育、個と人間社会との関係性を意識させる教育、そして国際性を育む教育が検証結果とともに紹介されている。過去と現在の生徒や保護者にとっては、自らの選択が正しかったことが人間の発達と成長をテーマとする教育学のフィールドから証明されていることがわかる。また、教育関係者に対してはグローバル化に対応する教育の在り方にひとつのヒントを与えてくれるものであると信じている。

序章 Gateway to the World －スイスで学び世界へ
1. KLASの日常……………………………………………………4
2. こんな生徒が育つ……………………………………………6
3. 卒業生はその後………………………………………………7
4. KLASの本質－三つの教育方針……………………………8

1章 KLASの英語
1. KLASの英語とは………………………………………………12
2. KLAS生の英語力………………………………………………14
3. 英語の教室風景………………………………………………18
4. 英語のカリキュラムとコミュニケーションを重視する指導……34
5. コミュニケーションを重視する指導を効果的にする二つの工夫…42
6. 行事や生活の中で使う英語…………………………………46

2章 英語を学ぶ日々－人間的な成長
1. 「しっかりとしたおとな」に育つ……………………………53
2. 「おとな」になる＝社会性、自立性を身につける…………56
3. 「他人と暮らす」ということ…………………………………59
4. 寮生活は生き方の勉強………………………………………62
5. 成長のポイント、他者存在の認識…………………………64
6. 寮父母……………………………………………………………67
7. 英語による生徒指導…………………………………………74
8. ボランティアの精神…………………………………………88

3章 学んだ英語を使って－国際的な感覚を養う
1. 国際人になるために…………………………………………97
2. 学校旅行（School Trips）……………………………………109
3. 教科指導の中にある異文化理解……………………………115

4章 世界への旅立ち
1. 渡部真由子さん（12年生、2014年卒）……………………131
2. 荒井健太くん（12年生、2014年卒）………………………135
3. 山崎真実子さん（12年生、2014年卒）……………………139
4. 関野吏玖くん（12年生、2014年卒）………………………143
5. 服部映美さん（12年生、2014年卒）………………………147
6. 3年間で得た自分なりの答え………………………………151

終章 時代に先駆けたKLAS
1. KLASの歩み……………………………………………………154
2. 時代の一歩前を………………………………………………155

序章
Gateway to the World －スイスで学び世界へ

1．KLASの日常

　窓枠からはみ出しそうなスイスアルプスを眺めながら、「おはよう」、「Good morning」、「こんにちは」、「Hello」、誰もがはつらつとした挨拶を交わしながら、生徒たちは朝一番の教室に向かいます。学校では、挨拶をすることを特別に強調したことはありませんが、何も言わなくても全寮制で生活する生徒たちは、挨拶をかけ合うことを自然に身につけて互いの習慣にしています。

　最初の授業は8時に始まります。多くは7時前後に起床して、自ら朝食と身支度をすませます。寮には寮父母、校舎には出勤してきた先生たちがいますが、特別に起床や登校のための指導に立つ大人は一人もいません。ひと頃、日本で話題になった「校門指導」も必要ありません。高校生ですから8時までに準備をすませるのは自分の責任です。窓の外は青空、いつものように8時きっかりに授業が始まります。

　教室を覗いてみましょう。時間割には1日7時限、週5日分の授業が並んでいます。英語の授業が多く、先生は英語を母国語とする人たちで、英語で英語を教えています。美術や情報（IT）などのように英語の科目ではないのに英語で教わる科目もあります。12年生（高3）の教室へ行くと、Global Issues（地球規模の諸問題）などと難しそうな科目を英語でやっています。その一方で、国語や社会などの教室を見てみると、日本の高校と同じようなことをやっています。1時間目が終わると、各教室から生徒が出てきて、別の教室に向かいました。ここでは、ホームルームではなく、大学のように各科目の教室で授業を受けるのです。教室の人数は多くても20人ぐらいで、英語の教室だと10人ほどです。そのため、英語の教室ではイスとラ

イティングボードしかない小さな教室もあります。生徒はイスにじっとすることなく、ペアになったりグループになったりして、活発に動き回っています。生徒同士が英語で話したりして、にぎやかで明るく元気な教室風景です。

　お昼をはさんで G Period（7限目）が終わると、多くの生徒は寮の居室に戻って着替え、Activity と呼ぶスポーツ活動に飛び出していきました。そうかと思うと、居室に残ったままくつろいでいる生徒もいるし、楽器をつかんで教室に戻り、音楽の個人レッスン（有料）を受けている生徒もいます。つまり、Activity はクラス全員が同じことをする体育のような授業ではなく、10種類以上のスポーツが用意されていて、そこから選んだ2種類を楽しむように行います。

　夕食時間になると、カフェテリアに生徒が集まります。テーブルにつくいつものメンバーと一緒に、談笑しながら食事をする姿はまるで家族団らんのようです。夜7時になると Study Hall（自習時間）です。生徒は2時間、今日の宿題、復習や明日の予習に集中します。これが終わると10時半の消灯までは思い思いに過ごします。友人とふざけ合う、シャワーを使う、本を読むなどまちまちです。寮父母が詰めている Duty Room（宿直室）にやってくる生徒もいます。軽い話を交わすのがほとんどですが、相談事もあります。じっくりと膝をつめる必要がある時は、時間を改めることもあります。

　10時半、部屋灯は消されます。Late light という延長学習の許可を取った生徒以外はベッドに入って就寝です。

　生徒の1日をスケッチしてみました。全寮制ですから、全員がこのパターンで生活し学びます。

　親もとから離れて、友人たちと寮生活を送るのは生徒たちには特別な体験です。これまでのように親を頼りにすることはできませんし、共同生活ですから、いろいろと起き上がってくる事柄にも対処しなくてはなりません。英語を教室や日常生活に引き込むのは大変なことですが、よくプログラムされた授業で力をつけながら、教室の外でも英語を使い慣れていきます。

　KLAS は日本人の学校であり、英語か日本語を使って勉強／生活する共同体です。生徒は日本語を母語とする者ばかりですから、学校全体が日本的な環境に覆われているように思うかもしれませんが、そんなことはありませ

ん。教員スタッフの半数強は日本人ではありませんし、食事、清掃などの生活系のスタッフはすべてが外国人(本当は、ここでは日本人が外国人です)なのですから、決して「日本人社会」ではありません。システムの面でも、創立以来、日本にないもので良いものは積極的に取り入れてきました。Discipline と呼ばれる規律重視の生徒指導、コミュニケーションを大切にした英語指導、問題解決の力を伸ばすための教科指導などがその例です。

教科外の学校行事もとても充実しています。最たる例は年に2回全校生が参加して行われる文化旅行です。スイスやヨーロッパの各都市を見学旅行して、各国、各地域の文化を学習します。生徒は学校に戻ってから英文レポートをまとめます。

2．こんな生徒が育つ

日常の生活の一部をスケッチしてみました。KLAS がただ単に「スイスにある日本人学校」ではなく、かなり特殊な学校であることがお分かりでしょう。

では、この「特殊な学校」でどのような生徒が育っているでしょうか。12 年生(高3)の卒業段階でその平均的な姿がどんな風かを紹介しましょう。

学校の方針によって、英語の授業はすべてを英語で行い、一般教科の一部でも英語を使い、日常生活や集会などでもごく普通に、当然のように英語でコミュニケーションをとってきました。その結果、TOEIC では平均 600 ほど、IELTS (Academic module) で 5.7 〜 5.8 ほどとなっています[1]。TOEIC では、全国の高 3 生 (14,388 人) の平均が 404、大学 4 年生 (391,620 人) の平均が 506[2] ですから、本校の 600 は良好な数字だと言えます。IELTS では、英語圏の大学が留学生に求めるスコアが 5.5 〜 6.5 ほどですから、半数以上は志望校のラインをクリアしています。(クリアしていない場合でも、一般的に正式入学前に英語準備プログラムに入ることを条件に仮入学を認められる場合があります)

1　生徒は TOEIC か IELTS のどちらかを受けることになっている。
2　「TOEIC プログラム　DATA & ANALYSIS 2013」より

卒業後の進路はどうでしょう。卒業生の1/4から1/5は米・英国などの英語圏の大学に、その他は日本の大学に進みます。日本進学組の中には、国際教養大学、上智大や早稲田大の国際教養学部のように英語だけで授業を行う大学・学部へ進む者もあります。行き先の国は世界に広がっていますが、その分野も文系、理系、美術系、医歯薬系と多岐に渡ります。肝心なのは、自分の進みたい分野が決まったら、その分野で自分に適した大学を日本と海外の両方から幅広く選択できることです。ちなみに、進学準備のための指導は、＜日本の大学をめざすトラック＞、＜海外の大学をめざすトラック＞、＜両方の可能性を追求するトラック＞の三つに分かれて行われます。

　勉強以外の面では、どのような生徒に育っているでしょうか。
　15歳で住み慣れた家を出て、3年間仲間と暮らしてきた彼らは、日本の高校生と比べればずいぶんと「おとな」です。
　子どもというのは、本来、自己中心的な存在です。自分を真ん中に置いて、周りに母親、父親がいて世話を焼いてくれて、そうした家族との関係を基盤にして友人や先生などと人間関係を広げていきます。その時、自分を「中心」から少しずつ外す体験を重ねて「おとな」になっていきます。
　3年間の生活の中で、彼らは家族のありがたみをリアルに認識し、身の回りに生じることに自分なりに対処できるようになると、次第に周囲の友人や遠くの家族のために自分のできることを考えるようになります。同年齢の者と比べれば、より早く自己中心性から抜け出して、周囲が見えるようになり、同時に自分自身への洞察が進んでいきます。
　そんな成長を経て、どのような人間像を結ぶか。現実の12年生の人物像を第4章「世界への旅立ち」に映し出してみました。この学校で何が起きているのか、それを結果から見てみたい方はこれを先に読んでもよいでしょう。

3．卒業生はその後

　2015年までにKLASを卒業した生徒は1,243名です。最初に卒業したのはClass of 1993（1993年卒業クラス）で、53名おりました。彼らはす

でに40歳台になっており、職場では中堅的な責任者として、家庭にあれば子育ての最中で、忙しく活躍していることでしょう。すべての卒業生の動向を把握することは簡単なことではありませんが、サンプルとしてClass of 2002の57名の中で、把握できた情報を紹介してみましょう。

この生徒たちが2002年5月に卒業した後にたどった進路は、日本の大学に37名（医学2名、薬学1名、歯学1名、早慶上智7名、旧帝大1名を含む）、海外の大学に12名、専門学校2名、就職（家業）1名、不明5名でした。約2割が海外の大学に進みました。

この人たちは2015年現在、三十代の前半を迎えたと思いますが、どこでどのような仕事についているでしょうか。この中の一人が、本校で生徒のために行っているキャリアガイダンスの講演会に講師として来てくれたので、彼が把握している動向を聞いてみました。（家庭に入ったものを除く）

日本の大学に進んだ者では、日系のメガバンクに就職して海外勤務をしている者が2名、メーカーからロンドンへ派遣されている者、国際会議運営会社、国内キー・テレビ放送会社で報道記者、映画監督、医師、薬剤師などが把握されています。

海外の大学に学んだ者の中では、カナダの大学を経てヨーロッパのメーカーで研究職、アメリカの大学からロンドンでグラフィックデザイナー、カナダの大学を終えてJICA（国際協力機構）、ドイツでクラシック演奏家、イギリスの大学から国内外資系金融会社、オーストラリアの大学から国連大学（東京）などとなっています。少し変わったルートでは、カナダの大学を経て日本の国立大医学部に編入学し、大学病院で医師として勤務しているケースです。

このように、KLASで身につけた語学力と国際性などを土台にしながら、各自の道に進み活躍しています。

4. KLASの本質－三つの教育方針

スイスの山の上にあるユニークな学校がどんなであるか、イメージしていただけたでしょうか。

実のところ、この学校はユニークどころか変わった学校です。何しろスイ

スにある日本人高校で、生徒の多くは日本からやってきます。そのために全寮制の寮があります。そもそも学校のある Leysin（レザン）は標高 1,300m のリゾート地にあるので、スイス国内に住居のある人でも通えません。寮制の学校は、例えばイギリスのパブリック・スクールでは伝統的な教育の方法です。本校でも全寮制を教育の柱にしています。

　創立から 25 年が経ちました。ある程度費用がかかるにもかかわらず、一定の入学希望者数に恵まれて、安定的に運営を続けています。希望に応じて日本／海外の大学に生徒を送り出しており、高校としての責任も果たせるようになりました。その卒業生が折に触れて、第 2 の故郷にある母校を訪ねてくれています。

　25 年前、このようなスタイルの学校はどこにもありませんでした。モデルもない新しい学校が成功している要因はどこにあるでしょうか。本来学校というものは多面的なもので、KLAS のような小規模校であっても、見る人それぞれに違って見えるほど多くの横顔を持っているものです。ある人にとっては、学校は友人や先生の顔をもってくっきりと表象されるものでしょうし、スポーツに打ち込んだ人は、それを抜きにして学校を語ることはできないでしょう。しかし、そうした横顔を別にして、その学校の本質を探していけば、その学校にしかない特徴的な雰囲気にたどり着くはずです。どこにいても、どこから眺めても、滲み出てくるように感じられる空気です。School culture（校風）と言ってよいかもしれません。

　KLAS にはここにしかない school culture があります。それを「友愛」とか「質実」などというよくある標語に置き換えるのは難しいですが、本校の場合、全寮制の中で本格的に英語を学び、教室の外でも積極的に英語を使って生活している現実から色濃い影響を受けています。言うならば、本校の school culture は、英語をよく学びよく使い、異なる価値観にも寛容的で、自立しながらも他との共生にも積極的だと言えるでしょうか。それは学校が 25 年間大切にし、真摯に求め続けてきた三つの教育方針の結果であると私は信じています。

序章　Gateway to the World －スイスで学び世界へ

4-1 国際教育

As a multi-cultural school in the heart of Europe, we promote an international outlook through intercultural experiences and exchanges.
ヨーロッパ・スイスに位置する立地と多文化を特長とする本校の環境を生かし、異文化に直接触れる体験や交流を通して国際感覚を育むむ。

国際教育は建学の精神です。日本の若者を国際社会で通用する素養を持つ人材として高等教育へ送り出す高校を実現するために本校は設立されたのです。
よく、「英語を勉強する学校ならば、なぜイギリスやアメリカではなくスイスに作ったのか」という質問を受けます。スイスを選んだのは、治安の良さも理由になりますが、大きな理由はスイスの持つ多文化性やヨーロッパ各地へのアクセスの良さなどの地理、交通の条件です。四つの言語と、ラテン、ゲルマンなどの文化的な影響を持つスイスは、日本の若者が世界を学ぶ地としては最適です。好条件を生かして、年3回の学校旅行を行います。さらに魅力的なのはスイスに40校以上もある国際学校（インターナショナル・スクール）のネットワークです。これを生かして様々な交流行事が可能になります。
国際教育を考える上で最も大切なことは、使える英語と国際的な感覚を身につけることです。そのためにどのような取り組みがなされているか、英語教育については1章で、国際教育については3章で詳しく見ることにします。

4-2 英語教育

Through small ESL classes taught by teachers with English as their native language and through the use of English in daily life around the school, we promote a high level of skills in English communication.
学習者の特性を把握したネイティブスピーカーによる少人数制の授業と日常の学校生活の中で英語を使う環境を通して、高度な英語運用能力を育成する。

本校の英語教育は、その質と量の両面で本格的なものです。日本の中学を普通に終えただけの生徒でも、ここで3年間しっかりと勉強することで、そのまま英語圏の大学に進んでも困らない程度の英語力を養成するのが具体的な目標になります。そのために、しっかりと効果が上がる英語の授業、身についた英語力を用いて行う一般教科の授業、そして校内の伝達や集会などを英語オンリーにして、教室の外でも英語使用の機会を最大にするなどを三つの柱にしています。英語の授業は日本とはかなり異なる方法で行います。英語で行う一般教科の指導は未だ国内では馴染みの薄い方法です。こうしたことを1章で詳述します。

4-3 人間的な成長

> Through a discipline policy based upon "freedom and　self-responsibility" and through dormitory life, we promote independence of thought and behavior as well as social competency.
> 「自由と自己責任」を重視した生徒指導と全寮制の特長を生かして、生徒の自立性や社会性を育成する。

　英語を母語とする先生による本格的な英語教育と国際的な感覚を養う教育を実現するために KLAS はスイスの地を選びました。そのために、寮を完備した全寮制高校となります。その結果、勉強だけでなく、生活面も含めた指導が行われます。これを外国人教員を含めた陣容で行うために、これまで日本で見られなかった指導の方法がとられるようになりました。
　この特別な全寮制のシステムは生徒の青年期の成長に大変良好な影響を与え、生徒の人間的な成長を促進してくれます。生徒が人格の幹にあたる部分で大いに成長していく様子を2章で説明します。

1章
KLASの英語

　KLASでは英語の授業は英語で行われ、社会科や理科など一般教科でも英語で行われる授業があり、卒業生の5分の1ほどは英語圏の大学へ進むと言うと、「外国にあって帰国子女みたいな子が行く学校だからそうなのでしょ」というように理解されることがあります。しかし、実態としてはそうではなくて、ほとんどの生徒は日本国内の中学校を卒業したごく普通の生徒です。つまり、中3までは日本での英語教育を受けて、高校はKLASで、日本から見るとちょっと「特殊な」方法で英語を学んでメキメキと英語力をつけていくのです。

　「特殊な」と言いましたが、多くのインターナショナル・スクールなどで英語を母語としない生徒たちのために行われるESL（English as a second language）という方法をベースに、日本人高校生たちに合うように工夫を加えながら今のスタイルになりました。その本質はインターナショナル・スクールで見られるESLとほぼ変わらないものであり、スイスや欧州各国で行われている外国語指導と基本的な考え方において同じものだと言えます。ただし、日本の中学や高校において見られる授業とはかなり異なります。本章では、その英語教育がどのようもので、どのような効果を上げているかを紹介します。

　はじめに、1.で入学前から卒業までの様子をスケッチしてみます。そして、2.でKLAS生の英語の実力を見た後、3.～5.で教室の中での学習を、6.で教室の外での実践を見てみます。

1. KLASの英語とは

　本校の生徒のほとんどは日本の中学校を卒業しており、そこで標準的な日

本の英語教育を受けています。毎年7月にスイスへ渡航してくる新入生たちには、入学直後からこれまで日本の中学で受けていたのとは全く異なる英語の授業が始まります。先生は英語を母語とする、いわゆる英語ネイティブと呼ばれる人たちで、全く日本語を話しません。実は、先生たちの中には日本の事情に詳しい人も多く、日本語を話せる人もいるのですが、あえて英語だけで授業をします。英語を教えたり学んだりするのには、それを説明したり作業したりするための言語が必要ですが、ここではそれは英語です。日本の高校でも2013年度から「英語の授業は原則英語で行われる」ことになりましたが、本校では「原則」ではなく「必ず」です。彼らの学習の環境は大きく様変わりし、英語を使って、英語を教え・学ぶ、そんな授業がスタートします。

　KLASの教え方は「英語を使って英語を教える」であり、それは1990年の開校以来の伝統です。先生たちはESLの考え方にもとづいて学習者が第2言語で学んでいることにも配慮するなど、「英語で教える」ことに慣れています。しかし、当の生徒たち、特に新入生たちはとても慣れているとは言えません。最近では公立、私立を問わず各中学校にALTと呼ばれる外国人補助教員が配置されているので、外国人の先生から教わることは珍しくはなくなりましたが、本校の「英語を使って英語を教える」は、生徒たちにも大きな学び方の変化を求めるものです。本校の授業では、声に出して読んだり、発言したり、時には体を動かしたりして、とにかくアクティブです。生徒はこれまで中学校でそうだったような受け身ではダメで、積極的に話し、参加することが必要です。KLASに入学した生徒は次第に、「英語を使って英語を教える」ことに慣れて、それにつれて「英語を使って英語を学ぶ」姿勢を身につけていきます。

　次に、こういう授業を1年間やってきた11年生のクラスではどうでしょう。すでに相互方向のアクティブなやり方には十分に慣れていて、対人ワークやグループでする作業など、指示があればすぐに取りかかるようになっています。もちろん、分からないことがあればすぐに手をあげて英語で質問します。ワークする内容も、例えば10年生の時には、昨日あった出来事を説明するなどの具体的な事柄を扱うことが多かったのに対して、11年生にな

ると自分の考えを述べたり、相手の言うことを踏まえて対話を深めたり、より複雑なやり取りが増えてきます。

　12年生になると英語との「特殊な」つき合いには十分に慣れています。英語で話し合うことはもちろん、授業中に行われるワークの中で抽象的な事柄を扱うような高度なコミュニケーションにも挑戦します。話す場合でも、書く場合でも、自分が言いたいことを相手に分からせるだけではなくて、相手を納得させたり説得したりする論理の明確さや力強さも求められます。

　このレベルになりますと、言語のスキルを学ぶだけでなく、英語を使って教科の勉強をすることにも挑戦します。英語という言語を道具のように使って、社会や理科のような教科学習をするのです。例えば、本校にはEnglish Literature（英文学）という必須科目があります。これは英語で書かれた教科書を使ってネイティブの先生が英語で教える教科です。このような科目では、英語を完全に伝達や学習、思考の道具にしてしまう訳で、学習する内容とは別に、英語学習の上でも大変に効果のある学習のスタイルなのです。

2. KLAS生の英語力

　このような英語学習を重ねて、生徒はどれくらいの英語力を身につけるでしょうか。ネイティブの先生による「英語を使って英語を教える」スタイルで英語の基礎を徹底的に鍛え、学年が進むと一般教科も英語で学ぶ機会が増えていきます。学校全体で、英語に関連した授業は全授業の65%ほどにもなります。このようなこれまでの国内の高校では見られなかった英語環境を通してめざす目標は、実用レベルで「使える英語」を身につけることです。今の日本では学校でも社会でもこの「使える英語」が課題になっていますが、どのくらいのレベルで「使える英語」と言えるのでしょうか。KLASで言えば、例えば先にも例に上げた12年生のEnglish Literature（英文学）の授業で、講義の内容を理解し、英語で課題をこなすことができるレベルだと言い表すことができます。

　しかし、英文学の授業を理解できるからと言って、これくらいの英語力があると具体的に明瞭に示すことはできません。そのために、本校では、生徒

の「使える英語」の力を計るために二つのテストを利用しています。日本でもすっかりおなじみになった TOEIC と世界で年間に 100 万人以上が受験すると言われる IELTS です。将来日本の大学へ進学を希望する生徒は TOEIC を、米英などの海外の大学へ進学を希望する生徒は IELTS を、最低年に 1 回は受験することになっています。これらの試験の結果から、KLAS 生の「使える英語」の実力を見てみましょう。

2-1 IELTS

ケンブリッジ大学やブリティッシュ・カウンシルなどが共同運営するテストで、「読む・書く・聞く・話す」の 4 領域のバランスに配慮しながら総合点は、1.0 から 9.0 で表されます。本校の生徒の学年別の得点の推移を見てみましょう。

(学年毎の平均 IELTS スコア)

	2012 年 3 月実施	2013 年 3 月実施
10 学年	4.5	4.7
11 学年	5.2	5.3
12 学年	5.8	5.7
(全受験者数)	(69 名)	(77 名)

本校の生徒は IELTS で言えば 4.6 前後のスコアから始まると言えるようです。とはいっても、テスト実施時期の 3 月と言えば入学からすでに 8 か月を過ぎている頃なので、本当の始まりはもう少し低いものと思われます。表からは、学年を追うごとに確実にスコアアップしていることが分かります。

海外の大学や国内の国際系大学／学部を受験する生徒たちは、この結果を出願書類として提出します。英語力を示すのに TOEFL ばかりを用いていた頃とは違って、今では国内外のほとんどの大学が IELTS のスコアを英語力証明として認めています。多くの大学は英語を母語としない志願者に対して 5.5 から 6.5 ほどのスコアを要求しますが、多くの生徒は 12 年生の後半にはこのレベルに達しています。まだスコアが足りない生徒も、12 年生の後半は最も伸びの著しい時期ですから、次のテストにチャレンジします。そこでスコアが大きく伸びたという例もめずらしくはありません。

1章　KLASの英語

2-2 TOEIC

　TOEIC はアメリカの ETS（Educational Testing Service）がスコアを認定するテストです。日本ではかなり有名ですが、実はこれは日本人向けに開発されたテストで、受験者の多くは日本人です。TOEIC の場面設定はオフィスや家庭などの仕事・生活のシーンが多く、まとまった学術的なものを読んだり書いたりすることの多い大学での適性を計るには、IELTS (Academic Module) の方が優れているのですが、日本での認知度を考えて、本校では日本の大学への進学を希望する生徒を中心に利用しています。TOEIC には日本人の受験データが豊富にあるので、日本の受験者データと比較しながら、KLAS生の英語力を見てみましょう。

　本校では 2007 年から TOEIC を全校レベルで実施しています。2012 年までの 5 年間でのべ 300 名ほどがこのテストを受けました。この結果を同時期の全国受験者の結果と比較してみます。

　図表 1 は 2010 年に TOEIC を受験した全国の学校種別の学生の平均点と KLAS の生徒の平均点を比較したものです。全国高校生の平均点は

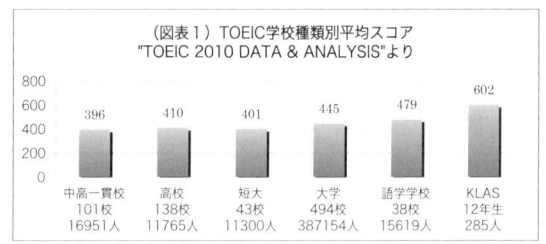

410、KLAS の 12 年生は 602 ですから、大きな開きがあります。全国高校生は高 1 生から高 3 生までが受験していることを考慮して、KLAS も全校平均をとっても 500 ほどですから、依然として大差が見られます。

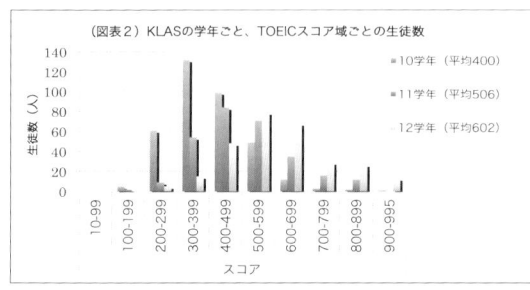

　図表 2 は、KLAS でのスコア域ごとの人数が学年を追うにつれて推移する様子を示しています。ここからは、生徒たちが学年を追うにつれてスコアを確実に上昇させてい

16

ることが見て取れます。KLAS生のスコアはもともと高かったのではなく、KLASにおいて年々スコアを上昇させているのです。

さらに、注目すべきは10年生の平均点400です。この点数は全国の高校生の平均と似通っています。これは本校の生徒のほとんどが日本の中学校を卒業して来ているので、KLAS 10年生の英語のベースは全国高校生の平均像とさほど変わらないと考えれば、当然と言えるでしょう。つまり、全国高校生と同程度の英語ベースしか持っていない10年生は、その後のKLASの英語教育によって、その英語力を大きく伸ばしたことになります。

また、図表1では大学の平均点は高校の平均点からさほど伸びているとは言えません。これは日本の英語教育が運用能力を伸ばすことではうまくいっていないことを示していますが、これはいったいどういうことでしょうか。日本では大学入試があり、大学でも英語教育は続くので、学生たちがさぼっているとは思えませんが、どうやら高校や大学で勉強する英語は英語の運用能力を伸ばすことには十分に役立っていないようです。

本校生徒のTOEICスコアは比較的高いことが分かりましたが、その得点が何を意味するかも見ておきましょう。獲得した各スコアがどのような意味（評

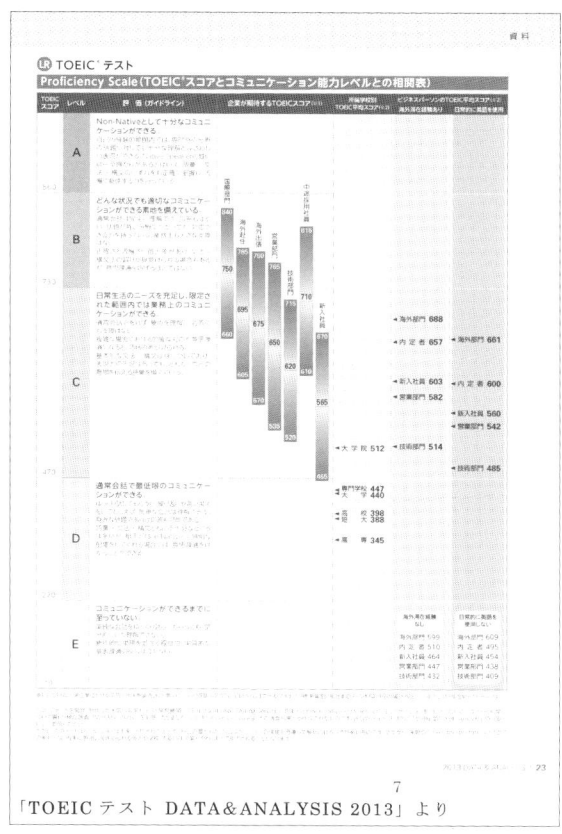

「TOEICテスト DATA&ANALYSIS 2013」より

価）を持つかは、前項の表をご覧下さい。本校の教育目標からすれば、Cレベル（470～730）［限定された範囲内でコミュニケーションがとれる］をめざしたいところですが、最終学年では多くがこのレベル以上に到達していると言えます。注目したいのはBレベル（730～860）［どんな状況でもコミュニケーションがとれる］以上に位置する生徒群の存在です。図表2のように、スコア700以上で12年生を終えた者は69名、全体の24％となります。特に、Aレベルとなる860以上は13名存在し、全体の5％が［Non-Nativeとして十分なコミュニケーションができるレベル］の評価を得ています。実際には相当数の英米大学進学希望者はIELTSだけを受けていて、このTOEICを受けておらず、彼らを含めると、A、Bレベルの生徒数はさらに多くなるものと思われます。

3. 英語の教室風景

　英語試験の結果から、KLASの生徒が学年を追うごとに順調に英語力を身につけていることが分かりました。では、KLASではどのようにしてこうした英語力を身につけさせているかを見てみましょう。そのためには、教室の中で行われている学習活動と、教室の外でも盛んに英語を用いている行事や環境の両面から説明しなくてはなりませんが、まずは教室の中の様子を紹介します。

　最初に、12学年で行われているEnglish Literature IIやGlobal Issuesという科目の教室にご案内して、最終的にどういうレベルの英語に達しているかを見て、その次にESLの教室風景を学年順に見てみましょう。

　これからご案内する授業は、2月のある日に私が教室を訪問し、そこで行われていることをスケッチしたものです。科目の授業というものは1年間の計画を立てて、順序よくこなしていくものですから、訪れた日の授業がいつもの授業とは違うやり方をしている場合もあります。ですから、紹介する各授業では年間授業の中でどのような位置にあるのかも示してあります。また、これらの授業はすべて英語で行われており、指示によって生徒が活動している場合も彼らは英語で意思疎通していることを忘れてはいけません。

English Literature II の教室、Watson 先生、12 学年選択、2014 年 2 月 25 日

〔本授業の位置づけ〕
　通常学期では教科書 "Elements of Literature" を用いて、日本の国語の教科書のように収録されている多くの作品を逐次取り上げて学習する。訪れた 4 学期に限っては、小説 "Night" を教材にして、(1)小説の分析、(2)エッセイの作成（アウトラインと本文）などを行う計画になっている。
　本時では(1)が中ほどまで進み、Choice-less choice［答えの出ない選択］という概念をもとにして、主人公の窮極のジレンマ状況を理解する。

〔小説 "Night" の概要〕
　ユダヤ人の少年ウイゼルは家族と共に収容所に入れられ、家族が目の前で殺されるのを目撃するなど、いくつかの筆舌に尽くしがたい体験をし、家族も良心も信仰さえも失っていく実話。

〔本時が取り上げた場面〕
　ある日、ウイゼルの奥歯に貴金属の被せものがしてあるのを発見した看守のフラネックは、それをくれと言う。フラネックは囚人の行進練習の際にうまくできないウイゼルの父親に目をつけていじめるので、断れば仕返しにいじめが酷くなるのは分かっている。

〔本時の展開〕
1. ウイゼルの心情にせまるキーワード、Choice-less choice
　先生は Choice-less choice［答えの出ない選択］という概念を提案し、看守の過酷な要求にどう返答すべきか、ウイゼルの迷いを分析してみせる。

	歯を抜いて父親を助ける	自分を大切にし、父親を助けない
プラス	父親への誠実さを保てる。父親を物心両面で安心させられる。	自分自身への身体被害はない。自身へのダメージはないので、生存の可能性は増す。
マイナス	互いに助け合うことを許してしまえば、自分で自分を守れなくなり、それは死につながる。	父親を裏切ることになる。物心両面で助けることができず、生涯自責の念に苦しむ。

1章　KLASの英語

2. グループワーク
　他にも当時の収容所の中で実際にあった Choice-less choice な状況を7例紹介し、グループ討論を指示する。
（7例のうちの1例）
　家族の死の知らせを受けて自暴自棄になった収容所の若い囚人は、ナチス親衛隊に自爆攻撃をかけようとする。しかし、こうした報復行為はその他400人の囚人の命であがなわれることになっている。この若者が説得に応じない場合、彼は他の命を守るために密殺されるべきか。
（指示内容）
　七つの各状況の設問に、はい／いいえで答える。
　その状況に存在していたとして答えてもよいし、第3者の立場で答えてもよい。
　指示を受けて活発に英語による討論が始まる。先生は巡回し、各グループでは先生への質問も数多く出る。
3. 次回の予告
　討論を続け、どれか一つ選んだテーマについて、エッセイを書く。

　まあ何とも窮極的な場面が持ち出されています。先生にはことさら劇的な状況へ生徒を引っ張り出そうとする意図はありませんが、生徒は神妙な顔つきで取り組んでいました。
　最初にお断りした通り、すべて英語によるやり取りです。ウイゼルの迷いを分析するマトリクスも英語で示されたものを翻訳したものです。解説中、生徒は静かにノートに鉛筆を走らせています。私語も全くありません。グループ討論が始まると、待っていたかのように多くの生徒が自分の疑問や意見を語り始めました。相づちを打って聞いていた者もやがて話し始めます。もちろん、これも英語です。正直なところ私は英語の中にいくらかは日本語が混じるかなと思いましたが、日本語は全く聞こえてきません。
　巡回してくる先生を待っていた生徒は、われ先に自分の疑問をぶつけています。質問の意味が通じないと、二度三度と言い方を変えて試しています。先生のアドバイスを聞くと、この生徒はすぐに討論に戻っていきました。

文学作品を内容的な読み取りだけでなく、作品の内部に入り込んで人間性の理解にまでたどることは英語で行う授業でも可能であることが理解いただけたと思います。この教室のように高度な内容の授業を英語で

行うことは、この学校では積極的に行われます。そうした科目はたくさんあるのですが、もう一つの例を Global Issues という科目で紹介しましょう。

Global Issues の教室、Pichette 先生、12 学年選択、2014 年 3 月 12 日

〔本授業の位置づけ〕
　この科目は 12 年生の選択科目で、「地球規模の諸問題」：発展途上国の教育、貧困、児童労働、フェアー・トレード、戦争と平和、水問題と健康など 10 のテーマについて逐次学習する。本時は 6 番目に取り上げられたテーマ、「環境問題」が取り上げられる。
　数時間の知識的な学習を終えた後、「生徒による授業」= peer teaching というプロジェクトに取り組んでいる。グループに分かれて各々の小テーマについて調べたことを発表するが、今回は単にプレゼンテーションという形を取らずに、一歩進めて、生徒が生徒に授業をするという形式を試している。

〔本時の展開〕
　三つのグループが各々の設定したテーマについて逐次「授業」を行っている。3 グループが行う「授業」のうち、「震災後の福島原子力発電所の問題」についての「授業」は以下のように進んだ。
1. ウォームアップのための発問
　How many countries and organizations helped Japan one year passed since the earthquake? などの五つの発問がなされる。

⇒生徒が英語で答える。
2. 福島第1原発の現状を伝えるニュースクリップを視聴：アメリカCBSが2013年11月に放送
   ・視聴の前に、vocabulary activity：先生役の生徒はあらかじめクリップの中に含まれるキーワードを調べてあり、pre-view（予備学習）する。
   （例）　analogy
        Ex.) Rugby has same analogy with football.
   こうした確認を8語行う。
   ・クリップの視聴
   取材班は原子炉建屋内部にまでカメラを入れて、現在行われている撤去作業をレポート。
3. 視聴をre-view（事後学習）
   内容理解に関する9個の質問が用意されており、生徒に一つずつ確認させる。
   （例）Why does TEPCO inject hundreds of tons of water into the reactors every day?
   ⇒難しい問題ではグループ討論となり、先生役も加わって話し合った。
4. グループワーク
   三つの課題が用意されており、各グループはそれについて討論する。

　生徒が生徒に英語で「授業」をする。凄いことになっています。しかし、当の生徒たちは気負うこともなく至って淡々とやっていました。KLASではプレゼンテーションをする機会は他の授業でもたくさんあるので慣れていると言えます。取材には発表の場面を見せてもらったのですが、「授業」ですから準備が大変です。この日の授業以前に、テーマを決め、ビデオクリップなどの教材を探し出し、それ

を分析して「授業」の生徒たちの意識をどこに焦点化させるか、そのためにどのような発問を投げかけるか、それらを英語で話し合いながら決めなくてはなりません。

　そういう話し合いを英語で行うことがそれほど苦ではなかったであろうことは、今日の「授業」のグループ討論も見ていれば分かります。ごく自然な様子でさっと、英語によるグループワークに入っていました。

　これらの授業は英語の授業ではありません。「英文学」の授業であり、「地球規模の諸問題」という本校が独自に設定した科目の授業です。しかし英語を母語としない者には同時に英語の勉強にもなりますから、そういう視点でこの授業を考えてみましょう。

　「英文学」の授業では、生徒はこの小説（新書判大で110ページ）が渡されており、すでに読んでいます。本は英語で書かれており、その読解に日本語は全く介在しません。取り上げられた場面について、先生から英語で説明を受けています。主人公の苦しい胸の内をある概念を用いて分析するのを聞いています。その概念を別の場面に応用することで、概念の理解を深めようとしています。その理解を深める作業は、生徒同士か先生との対話を通して行われます。

　「地球規模の諸問題」の授業では、課題の設定、調査、情報集め、タスクである「授業」の実施、「授業」の中のタスクのすべては当たり前のように英語で行われています。

　ここにあるのは膨大な量の英語による知的活動です。本や先生の言うことを英語で理解する。英語で設問が投げかけられると答えをめぐる思考が始まります。おそらく彼らは「英語で」考えているでしょう。自分の考えと他者の考えを比べ、発展させる対話が始まりました。相手の考えを理解したり、自分を相手に分からせたりするのにも英語が使われます。

　ここでは英語はコミュニケーションをとり、思考を積み上げるために使われる道具のように機能しています。最近の外国語教育に関する研究の成果は、このように習得をめざす途上の言語による実践的なプロセスをとても重視します。

　このように、この授業の中で使われている英語の役割に注目すると、英語が生きたコミュニケーションや内的な思考に実際に使われているのが分かり

ます。英語は言語ですから、学習の対象ではなく、コミュニケーションの道具のはずです。その意味では、授業に英語を使うことは、その実用性ゆえに通常の英語の授業と同様に、あるいはそれ以上の密度で「英語の勉強をする」ことも同時に進行しているのです。

　しかし、英語力を高めたいからと言って、誰でもこのような高度な授業を受けられる訳ではありません。そのためには「読む・書く・聞く・話す」というすべての領域においてバランスのとれた英語の基礎力が必要です。KLASでも、10年生や11年生にはこのレベルの授業を受けるのは無理でしょう。2年間ぐらい英語基礎力の勉強を積み上げてきた12年生だから、それが可能になるのです。

　ではどのような勉強を積み上げていけば、そうした基礎力が身につくのでしょうか。そのためにESLと呼ばれる英語の授業があります。ESLは英語を母国語としない人たちのために、生後獲得した第1言語の上にもう一つ使える英語を第2言語として獲得させるには、どうすればよいかという視点で研究されてきた英語教育法です。本校では、3年間を通してESL授業が行われます。ただし、10年生の時にはたくさんあったESLの授業は11、12年生になると次第に少なくなり、その代わりここで紹介したような教える内容を持った内容科目が増えていきます。

　では、3年間のESL授業を学年順に見て、英語の基礎力が積み上がっていく様子を見てみましょう。

10年生ESL、Oral Communication I の教室、Fast先生、2014年2月27日

〔本授業の位置づけ〕
　オーラル・コミュニケーションは、日本の高校でも必須科目となっている科目。日本人は聞くのも話すのも苦手意識があるので、この授業がどんな風かは興味のわくところではないだろうか。
　全12章からなる教科書の第5章 Shopping and Clothing を扱う。

〔本時の展開〕
1. 前回の授業の re-view（復習）
「前回の授業の中で取り上げた 8 種類のお店のうちの一つは何でしたか？」
→次々と手があがる　→答えるとその定義が問われ、さらに答える。
2. Speaking のウオームアップ－ 'line up' と呼ばれるアクティビティ
2 列相対になってペアを組み、先生の設問への答えをパートナーに話す。
- 最近買ったものを三つあげ、どこでなぜ買ったか。
- 次に買いたいものは何か。それはなぜか。

2 列の一方は移動してパートナーが代わる。
- ショッピングが楽しいのはなぜか。
- どうしてショッピングが嫌いか。（その立場になって）パートナー移動。
- 商品を返品したことはあるか。それはなぜか。
- この春休みにどこへ行くか。そこで何を買うか。

⇒各設問に、生徒は 2, 3 分途切れずに話し続けている。
3. Vocabulary building（語彙練習）
着るものに関連して、英語の本来の用法から離れて定着してしまったいくつかのカタカナ英語をチェック。
パーカー ≠ parker (big winter coat)、パーカー ＝ sweat shirt sweater と cardigan の違い
ワンピースという英語はない。ワンピース＝ dress、ショートパンツ =shorts
clothes は [klouz] であって、[kloth] ではない。
bought は [bo:t] であって、[bout] ではない。
4. Activity ～自分や他人の着ているものを表現してみる～
①パートナーの着ているものについて三つの文章を作りなさい。→作業
②着ている服の色を入れなさい。色は名詞の前です。→作業
③着ている服の模様を入れよう。
　様々な模様を英語で何と言うか。
　配布物や板書を用いて教示する。
　これらの表現を含んで文章を作り直しなさい。
④服装に関する新たな語彙を利用してパートナーが何を着ているか、みん

1章　KLASの英語

なに発表しなさい。
　　→次々と手があがり、すべての生徒から長い文章が披露される。
5. 宿題
　　ルームメートが着ているものについて四つの文章を作りなさい。

　re-viewの段階から発問に対して勢いよくたくさんの手があがり、とても元気なムードで授業が小気味よく始まり、その勢いは最後まで全く衰えません。生徒の元気の良さと参加度の高さが生徒の活動量を支えます。re-viewやウオームアップだけでもかなりの活動量で、生徒は休むことなく話し続けています。これは対話形式ですから、聞き手は相手の言うことをよく理解し、合いの手を入れたり、質問したり、時には反論したりしてかなり実践的な会話をしています。
　ボキャブラリーの練習は、この後のactivityのためなのですね。日本人がよく誤る言い方はここでまとめて学習していました。思わず「へえー」と口にしたのは生徒ばかりでなく、筆者自身もそうでした。この練習の最中にも生徒の質問や先生の発問が飛び出てきて、授業がさらに活気づきます。
　ここまでの活動量、作業量でもかなりのものですが、4番のactivityが本日のメインです。最初は、He wears a sweater. などのような単純な英語しか書きませんが、そこに、色や模様などの語彙の知識を提供することで表現を深めていきます。語彙さえあれば、生徒の表現はみるみる豊かになっていきました。
　語彙は言葉だけが独立した状況で学習するよりも教材が扱う題材と共に、具体的な用例の中で勉強するのが効果的です。この考えに立って、本校のESL授業の多くでは、語彙の学習は語彙単独で行わないで、授業時間の最中や宿題として教材に関連させながら学習します。その学習語彙は、後に繰り返しre-viewしたり問い返したりします。
　授業で扱う題材についても注目する必要があります。ショッピングやファッションは、この年代の高校生たちにとってはとても関心のあるところです。誰がどんなものを着ているか、それはどのように表現できるか、そのような関心も手伝って、この日の授業はずいぶんと活発なものになりました。ただ

し、この話題は 10 年生には有効ですが、上級生の興味を引くには弱いでしょう。学習効果は、生徒の知的／情緒的に受ける刺激の大きさによって変わりますから、対象に合わせた教材選びはとても大切です。

10 年生 ESL、Writing の教室、Ree 先生、2014 年 3 月 3 日

〔本授業の位置づけ〕
　10 年生の Writing では四つの種類のパラグラフ（descriptive ＝記述、narrative ＝物語、expository ＝説明、persuasive ＝説得）の作成方法を習得する。これまでに、これら 4 種類のパラグラフについては学習済みであり、本授業は、復習のためにこれらの技術を用いて、来年度の新入生のために学校生活を紹介するパンフレットを作成する 'Leysin Project' の最中である。

〔本時の展開〕
1. 課題（記述的なパラグラフ）の返却：添削されたものが返される。
2. Vocabulary の練習
3. 既習の説明的なパラグラフについて復習
4. 'Leysin Project' の第 3 部は expository ＝説明の技術を使って書いてみよう。
　（必要なこと）
　　・目を引くタイトル
　　・効果的な topic sentence、closing sentence
　　・6 〜 7 行の本文
　　・接続詞（first, then, later, on the other hand…）
　　・興味を引く動詞と叙述的な形容詞（like や nice だけでなく）
　　・expository ＝説明的なスタイル（Leysin/KLAS を説明する）
5. ワークシートに作業
　　①プランの作成

```
Your Plan
    Topic sentence:_____
    Write down your steps or points
```

生徒はこれに許可をもらってから本文作成に取りかかる。
　Planをめぐって先生と生徒の間で個々にいろいろなやり取りがなされる。
②本文の作成、許可をもらった生徒は作業に取りかかる。
6. 次回までの宿題：今日返された添削済みの課題（記述的なパラグラフ）を書き直して再提出する。

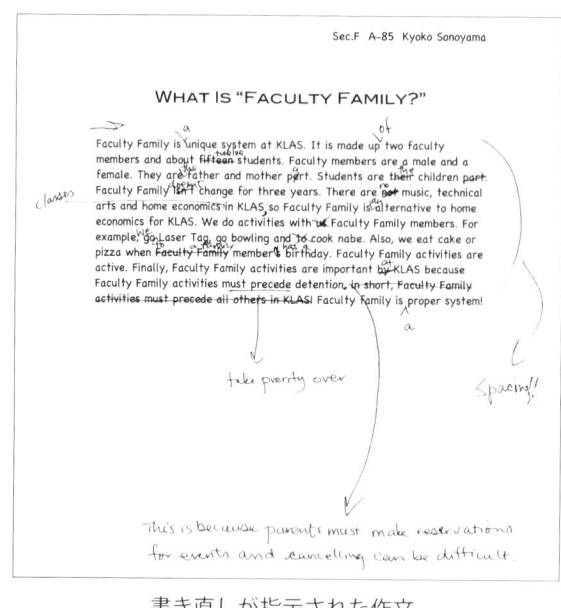

書き直しが指示された作文

課題（記述的なパラグラフ）

　添削されて返ってきた「記述的なパラグラフ」は、どれも赤字で直すべきところが指示されていました。何かを書いて提出するwriting assignmentは本校の英語授業では頻繁に課されますが、多くの場合、このように添削されて返ってきます。たくさんの英文を書いては、修正指示されて戻ってくる。そして、その指示にしたがって直す。この「書いては、また直す」の繰り返しの中で本当の英作文力が身についてきます。

　今日の作文作業に入る前に、以前に習ったことを復習しておいて、今日の作文作業に必要なことを具体的に指示しています。この具体的な指示はESLレベルの学習者にはとても大切なことで、自分の書くものにどのようなポイントを盛り込んでおくべきかがはっきりしているので、安心感を持って作業に入ることができます。また、expository＝説明的なパラグラフとは具体的にどういうものであるのかを、はっきりと認識することができるのです。

　さて、いよいよ本文の作成に入るのかと思うと、まだ準備作業がありまし

た。プランの作成です。自分が書こうとするパラグラフをどのような内容で、どのような構成にするかを事前に計画する訳です。プランの立て方はいろいろとあるでしょうが、ここではトピック・センテンス＝ topic sentence という技術を持ち出しています。これはパラグラフ・ライティングという考え方の中心概念で、一つのパラグラフが表現しようとしている意味は一つに集約できるはずです。そのパラグラフの主旨を一文にしたのがトピック・センテンスです。だから、この「プラン作成」でトピック・センテンスを書かせているのは、自分の言いたいことを最初にはっきりさせて、それをどのようにパラグラフに展開するかを考えることなのです。

　言語学習において「書く」ことは難しいことです。日本では多くの場合、英作文と言うと「構文」をマスターして、その構造に何かを乗せていくことで表現力をつけさそうとします。本校では、表現のための型を「覚える」のではなく、「構文」の前に、何を表現したいかを大切にして、こうした技術を用いながら「習う」ように習得します。

　再び、語彙の学習にも触れておきましょう。自分の思うことを英語で表現するためには、書き方の技術と語彙が必要です。書き方の方はこのようにかなり明確な指導がなされていますが、語彙の方はどうでしょうか。語彙力は英語力の根幹をなすものですが、一朝一夕に身につくものではなく、日々の学習を積み上げる他ありません。日本では重要な単語を厳選した単語本を端から覚えることもしますが、ここでの単語学習は学習するトピックスに合わせた単語をそのつど学習します。本時の授業もレザン紹介に役立つような動詞と形容詞を中心に学習しました。

でき上がったブックレット
（全8ページ、1人ですべてを書く）

授業で書き直しを指示された部分の完成版

11年生 ESL、Reading の教室、Blake 先生、2014 年 3 月 3 日

〔本授業の位置づけ〕

　全 10 章からなる教科書の第 8 章 Finding a Spouse（結婚相手を探す）を扱っている。ESL 授業において学習者の興味、関心を刺激できるテーマや教材を使うことはとても大切なことで、結婚相手の探し方は文化、社会の影響を受けているとする本章のテーマは、10 代の学習者の興味を引くのに十分である。教科書には読むべき題材が用意されているが、本授業の先生はそれにまっすぐに向かわず、オリジナルの題材を用意している。

〔本時の展開〕
1. （発問）イギリスの「婚活」、結婚について知っていることは？
2. （Pre-view）準備された英文題材の語彙を事前学習
3. 題材（約 150 words）を各自で読解
4. 本文趣旨の理解を確認：三つのステイトメントの真偽を答える。
5. （ペアワーク）イギリス／日本の「婚活」、結婚の習慣の共通なところ、違うところを考える。⇒生徒同士の英語による対話
6. 日本の習慣についての題材（約 150 words）を各自で読解
7. （ペアワーク）題材の趣旨に賛成できるか。修正するならどこか。
8. 本文趣旨の理解を確認：三つのステイトメントの空欄補充
9. 四つのグループに分かれて、別々の 9 か国の習慣についての説明文の中から一つを読み、グループの他の人の説明文の内容と比較する。
10. 四つのグループの代表がクラス全体に、得られた情報をプレゼンテーションする。
11. （宿題）自分の選んだ国の人と出会ったらどんな質問をするか、10 個の質問を書きなさい。

　ずいぶんとたくさんのことをこなしています。この内容は 1 回（50 分間）の授業の内容ですから、確かに先生も生徒も忙しそうですが、決してあわてる様子もなく、着々と進んでいきました。このクラスは 11 年生ですから、

英文を読んだり、議論したりするのには慣れているので、これくらいのスピードでもスムーズに進んでいきます。題材は初見ですが、2分ぐらいの時間で読むように言われています。ペアワークでも、グループワークでも、開始と同時にしゃべり始めていました。

このワークももちろん英語で話し、英語で聞き、英語で討論します。思わず日本語が飛び出すこともあるかもしれないと注意して聞いていましたが、最後まで生徒から日本語の1語も聞かれませんでした。議論はなかなか活発です。その様子はこんな具合です。「この習慣は僕はイヤだな。恥ずかしいよ」「いや、私は良いと思う。だって、〜だから」

ここで、10年生がOral Communicationの授業で2列になってのペアワークで、次々と相手を代えながら、リズムよく買い物についての自分の経験などを相手に話していた、前文の様子を思い出して下さい。そこで話す内容は自分の周辺の出来事や具体的な希望といったものでした。しかし、この授業では、はじめて知識として得たその国の社会習慣について、自分の考えと相手の考えを比較し意見を交換しています。1年間で扱う内容は少し抽象的になり、コミュニケーションのレベルも「伝える」から、考えを「交わす」に進んでいることが分かります。

ペアワークからグループワークに進むと、「交わし」合うレベルはさらに上がります。ペアワークではお互いに同じものを読んでいるので、対話のベースはあらかじめできています。しかし、このグループワークでは相手は自分が読んだものを読んでいません。現実のコミュニケーションと同じように、相手は自分と同じ情報を持っていないので、より高度なコミュニケーションが求められます。

それにしても、この授業では作業の量が多いばかりでなく、作業の種類も、読み、聞く、話すなど、いろいろとさせています。最後の宿題に「書きなさい」があるのでこれで4種類すべてそろいま

した。この科目は Reading なのでどうしたことかと不思議に思うかもしれませんが、4領域をバランスよく伸ばそうとする観点からすれば、このように英語の多くの機能を含めるのは意味のあることです。語学というのは総合的に進められるものです。

12年生 ESL、Reading/Writing の教室、Weldon 先生、2014年2月22日

〔本授業の位置づけ〕
　全8章からなる教科書の第7章 Language and Communication を扱っている。この章では読むべき題材は二つあり、パート1は動物がどのようにコミュニケーションをとっているかについて最新の研究結果から約2200語にまとめた教材を、パート2は人間同士のコミュニケーションについて議論した約600語の教材を読解する。本授業はパート1の読解に取りかかろうとしている。

〔本時の展開〕
1. 宿題の回収：宿題はパート1の題材に含まれる語彙についての学習
2. (語彙学習) 2人1組でカード合わせ、語彙は前回題材からの re-view と今回題材の pre-view の両方を含む。
3. プレリードッグの VTR を視聴：今回題材はプレリードッグの生態が含まれるので、VTR で pre-view
　　・視聴の前に配布物：VTR のどこに注意すべきか
　　・視聴
　　・ヒアリングの理解を確認：配布物の設問に英語で解答
4. 読み取り教材の pre-view
　　・What is the topic of the reading? (Look at the title)
　　・What are the seven subtopics? (Look at the headings of each paragraph)
　　・What do the pictures in the article lead you to expect?
　　・What are at least three questions you have about the reading?
5. 読み取り教材の読解

6. 本文趣旨の理解を確認：四つのステイトメントの真偽を答える。

　本授業の中心課題は2200語の読み取り教材の読解です。しかし、そのための準備が次々と続き、5番目の課題の終わりに近づいてからやっと始まりました。すでに読解力が高い生徒ならばこれほどの準備は必要ないでしょうが、これによって読解力をつけたいという授業ですからあれこれと準備がしてあります。生徒に難しそうな語彙はpre-viewの対象です。本文読解の時には、意味の分からない単語はかなり解消されているので、スラスラと読み飛ばします。辞書を引く生徒もいません。そもそも、英単語を一つ一つ日本語に置き換えて理解していたのでは授業にはついていけないので、英文のまま理解します。目には見えませんが、生徒の頭の中で起きていることは、日本の英語教室とはかなり異なります。

　4.のpre-viewは生徒に読解のために役立つ大きなヒントを与えていることに注目して下さい。このおかげで、生徒の意識は読む前から本文の趣旨に向かっていきます。

　なぜプレリードッグのVTRを読解の前に見せるのでしょうか。これは日本人には馴染みのない動物なので草原で暮らしている生態を見せておくのですね。ここではヒアリングのチェックも行っているので、聞き取りの練習にもなっています。語学の練習はこうしていつも総合的に進んでいきます。

　この教室は12年生の授業ですが、読み取り教材が長文になってきていることを除けば、pre-viewやre-viewなどの作業をしたり、単語の練習をしたりするような目に見える学習の方法としては、11年生の時にやってきたやり方と大きく変わるところはないようです。しかし、読み取った内容をもとにして、より深い知的作業につなげていく点では進展があります。

　上のような作業をしながらパート1の内容理解が終わると、パート2に進み、今度は人間のコミュニケーションについて考察した文章を読みます。

　その次が肝心なのですが、動物のコミュニケーションと人間のそれと比較して、似ているところ、違うところを探させます。そして、それらを書いて表現させることでwritingの練習につないでいきます。これはかなり抽象的な事柄を扱うので、10年生や11年生の時の英語学習より高度な語学学習

をしていると言えます。手助けが周到に準備されていますが、こういう学習ができるようになれば、English Literature や Global Issues のような高度な教科も英語で勉強できるようになるのです。

4. 英語のカリキュラムとコミュニケーションを重視する指導

　前項では英語の授業が行われている教室の風景を紹介して、生徒が 10 年生から次第にそのレベルを上げて、やがては英語で討論をするような英語力をつけ、最終的には高度な科目も英語で勉強できるようになる様子を具体的に理解しました。教室では日本語が使われていないし、生徒は活動的に能動的に学んでいる様子もお分かりいただけたことでしょう。教室に 1 歩足を踏み込んでみれば、日本で一般的に見られる教室風景とはかなり異なることは一目瞭然です。そして成果も上がっています。こういうことが可能になった秘訣はどこにあったのでしょうか、以下ではその秘訣を考えてみます。

4-1 KLAS の英語の秘訣

　一般に日本人は「使える英語」の習得が得手ではないと考えられています。それは、TOEFL i-BT テスト結果からも明らかで、そのスコアの国際比較では、日本は 163 国中 143 位、アジアの中では 30 か国中 29 位と低位置に甘んじています[1]。もちろん、その国の学習者全体とテスト受験者の関係は各国で事情が異なるので単純な比較は難しいのですが、わが国では大学教育を含めると長期に渡って相当な時間とエネルギーを英語の学習に費やしている事情を考えれば、コミュニケーション能力の育成に関する限り、日本の英語教育はあまりうまくいっていないと言わなくてはならないようです。勤勉で勉強好きな日本人は英語だって学校でしっかりと勉強しているはずなのに、どうしてこのような結果になるのでしょうか。

---

[1] 「*ETS-Test and Score Data Summary for TOEFL iBT Test and TOEFL PBT Test January 2011-December 2011 Test*」より

その原因はいろいろ考えられます。その一つに、日本語と英語の間にある言語構造の違いを上げることも可能です。これは、学習者の母国語と学習対象となる言語の構造が異なれば異なるほど、学習者にとってその言語の習得は困難だから、特殊な言語である日本語を母語とする日本人は不利だという説明です。

また、動機づけの面から説明することも可能でしょう。国境や言語境界が入り組むヨーロッパの各地域や、かつて宗主国の言語の影響を強く受けたアジア、アフリカの各国に比べて、日本人はどうしても英語を使わなくてはならないという場面は少なく、これが日本人の英語獲得の動機を弱めているという説明です。

さらに、日本では大学入試などの英語がコミュニケーション能力とは少し違う英語力を求めており、英語力に関する日本独自の社会的要請があることが指摘されることもあります。

しかし、こうした説明が決定的に重要であるならば、日本人はいつまでたっても使える英語は身につかないことになります。その日本人でもしっかりとした指導法のもとで、高い英語力をつける例も最近は増えてきました。日本人にも英語力を身につけさせられる指導法があるのです。

少なくとも、先に上げた日本人高校生とKLAS生のTOEIC平均スコアの格差の理由は、KLASの英語の指導法の違いに求められるはずです。中学校までは日本で席を並べて学び、高校からスイスで学ぶ生徒たちですから、上の条件に大差はなく、決定的に違うのは指導法であるからです。

では、日本の学校とKLASの英語の指導法の何が違うのでしょうか。KLASでは英語ネイティブの先生が教えていることが本質的な違いでしょうか。それなら事態は簡単で、英語の先生をすべて英語ネイティブの先生に代えてしまえばよいことになります。優秀な英語の先生を確保することは大切ですが、それ以外にもKLASの英語には秘訣があります。本書では、それを<u>豊富な英語活動を可能にするカリキュラム</u>と<u>コミュニケーションを重視する指導</u>の二つの側面から説明してみます。

4-2 豊富な英語活動を可能にするカリキュラム

KLASの英語関連科目

学年	英語／内容	教科や科目	週の時間数	選択／必須
10学年 (高1)	英語科目	コミュニケーション英語Ⅰ	3	必須
		英語表現Ⅰ	3	必須
		リーディング	3	必須
		ライティング	2	必須
	内容教科・科目	仏語	2	必須
		美術	2	必須
		情報	2	必須
11学年 (高2)	英語科目	コミュニケーション英語Ⅱ	3	必須
		英語表現Ⅱ	3	必須
		ライティング	2	必須
		リーディング	2	選択
		English Skills	2	選択
		英語理解	2	選択
	内容教科・科目	English Literature Ⅰ	4	選択
		仏語	2	選択
		社会	4	選択
		数学	4	選択
		理科	2	選択
		美術	4	選択
12学年 (高3)	英語科目	コミュニケーション英語Ⅱ	2	必須
		英語表現Ⅱ	2	必須
		ライティング	2	必須
	内容教科・科目	English Literature Ⅰ	3	選択
		English Literature Ⅱ	3	選択
		総合英語	4	選択
		仏語	5	選択
		Global Issues	5	選択
		Research Project	5	選択
		数学	5	選択
		美術	5	選択
		理科	4〜9	選択
		社会	5	選択

　この表は本校における英語関連科目の週あたりの授業数を示したものです。普通、学校の授業科目にはオーラル・コミュニケーションのような英語科目の他に、国語、社会、理科などの教科に属する一般的な科目がたくさんあります。KLASでは、これら一般的な科目の中に英語で指導される科目もあります。本校ではcontent courseと呼びますが、これを内容科目として、英語科目と共に表中にまとめてみました。

　日本の高校では、英語の授業と言えば表中の「英語科目」に含まれる科目の授業のことをさします。ごく普通の高校では各学年の英語科目の授業数は4〜10時間ほどでしょう。それに対して、本校では10学年においては11時間ほど用意してあり、それが「英語の教室風景」の中でも触れたように1クラス10名ほどの少人数で、英語を使い、相当な活動量を伴って行うのですから、英語科目の授業は十分な学習量を確保していると言ってもよいでしょう。大切なのは量だけではありません。バランスも重要で、カリキュラム編成の際は、「聞く」「読む」「話す」「書く」のすべての領域で、バランスよく練習ができるように注意深く編成しています。

　英語授業の量やバランスに加えて、学習の質も確保しています。「英語の教室風景」で見てきた通りに、英語科目の授業では、学習者の興味関心に沿う題材、双方向で現実に近いやり取り、「書いては、また直す」の繰り返し

などによく配慮しているのです。

　このように、KLASの英語科目の授業は、バランスよく多くの英語授業数を確保した上で、一つ一つの授業で生徒に量、質の両面で十分に配慮された英語活動をさせることで、英語力をつけさせようとしています。

　この中から得られる良質な英語活動の総量が英語コミュニケーション能力を保証するのですが、それに加えて、英語活動を格段に向上させる仕組みがあります。

　その仕組みとは表中の「内容科目」のことです。既述の通り、内容科目とは英語ではない一般教科のことで、学ぶ対象は英語以外のものですからそのように呼びます。英語で教える／学ぶ一般教科です。「英語の教室風景」で見た　English Literature II や Global Issues などはこの例です。

　これらの内容科目を本来は伝達や思考の道具であるはずの英語で教授・学習すれば、そこに生じる英語活動はコミュニケーションそのものですから、英語コミュニケーション能力の伸長に大いに役立つはずです。当たり前と言えば、至極当たり前のことですが、本校ではこの考えに立って、英語で指導する英語学習のために内容教科を積極的に進めています。

　とはいえ、英語力が不十分な状態では英語だけで内容教科を勉強することはできません。たとえば、10年生に Literature を教えることはできないでしょう。しかし、英語力の伸長に応じて順序よく進めていけば、やがてはそれも可能になります。

　「順序よく」というのはどういうことなのか、10年生の「美術」や「情報（IT）」という科目を見ればよく分かります。美術や情報は最終的には高度な概念や技術を扱いますが、その初歩段階では絵画技法や操作などの具体的な事柄を扱います。こうした具体的な操作を伴う内容ならば、10年生にも英語で十分に有効な内容学習をさせることは可能なのです。理解が多少あやふやでも目の前の具体的な事象が理解を助けてくれますし、質問する時も、コミュニケーションを容易にしてくれます。こうした具体的な操作を含んだ内容教科の学習は、10年生以降にも続く高度な内容学習を進めていくために必要な自信をつけさせてくれます。

　こういうやさしい内容学習で自信をつけながら、学年が進むと少しずつ高

度な内容科目へと進んでいきます。English Literature II という科目は本校の内容科目の中でも、最も高度な内容を扱うものの一つだと言ってよいでしょう。すでにご覧になった通り、人間の本質に迫るような人文学的な内容であっても英語で討論したり、きちんとしたエッセイが書けるようになるのが、本校の英語がめざしているレベルだと言えます。それは一朝一夕にできることではなくて、3年間の積み上げのプロセスがあってこそ可能になるのですが、そのためには基本的な英語のスキルを身につけさせなくてはなりませんし、身につけたスキルを用いて伝達したり、思考したりする実践を深めておかなくてはなりません。

　本校では、英語スキルのために、豊富な授業数と英語活動量を基礎にした英語科目の指導が用意されており、英語を用いての伝達・思考を実践できるように英語で教える内容科目を充実させています。英語科目の指導と内容科目の指導は車の両輪のように不可分で、互いに良い効果を与え合う相乗的な関係にあります。

4-3 コミュニケーションを重視する指導

　KLAS の英語の二つ目の秘訣は、コミュニケーションを重視する指導です。
　2. で見たように、日本人の英語力がうまく伸びないのは、文法と読解は一生懸命やっていてもコミュニケーションの練習をしていないからです。最近はコミュニケーションが強調されますが、その練習はというと必ずしも有効な方法で行われていません。別な言い方をすれば、英語の指導に適切なコミュニケーションの練習を取り込めば、英語の運用力を伸ばすことができるはずです。現に KLAS では、文法や読解を中心にした指導を止め、コミュニケーションを重視した指導に徹することで成果を上げてきました。

　では、コミュニケーションを重視した指導とはどんなものか。KLAS で行われている指導を Communicative Language Teaching (CLT) という考え方に沿って説明します。

　CLT はアメリカやヨーロッパで発展した考え方ですが、それが生まれた背景には、過去において主流の指導法であった文法訳読方式（文法知識を手が

かりにして、テキストを訳す作業を学習の中心とする）や、1960年代北米で盛んになったオーディオリンガル法に対する反発が上げられます。

　文法訳読方式は日本に今でもまだまだ残っている指導法です。オーディオリンガル法というのは日本でもリンガフォンの名前で広く知られた方法で、基本的な決まり文句を中心に反復練習で覚えて、それを応用することで多様な表現や聴解につなげようとするもので、パターン学習の一つです。

　このどちらも、いくらやっても「使える英語」の習得にはほど遠く、いったいどうやったら、英語のために英語を学ぶのではなく、本当の意味で第2言語である英語を習得できるのかという議論が巻き起こりました。そうした議論の中から、1970年代に新たな方向性が生まれます。それは、これら二つの指導法は言語の形式的な側面（form: 文法や語彙など）を重視しすぎたことが原因して、コミュニケーションに役立つ語学力の育成に際立った効果が見られなかったという反省からスタートしました。こうした議論はハイムという人の「意思疎通を図るには Linguistic competence(言語能力) の他に Communicative competence(伝達能力) が必要であり、文法規則や語彙などを知ることは円滑なコミュニケーションに必要な能力の一部でしかない」[2]という考え方に集約されます。これは、コミュニケーション能力は Linguistic competence(言語能力) と Communicative competence(伝達能力) の両方から成り立っているということであり、伝達能力を向上させる練習をしなければコミュニケーションの力はつかないということを意味します。この考え方によれば、文法訳読方式は言語能力だけを高める方法ですから伝達能力を高めることはできず、いつまでたってもコミュニケーション能力は身につかないことになります。また、パターン学習のようにあらかじめ内容や形式が分かっているコミュニケーションの練習も言語能力を向上させるだけで、それ自体ではコミュニケーションとは言えず、伝達のための練習にはなりません。それに対して、CLTはメッセージを伝える側と受け取る側が「意味のある活動」をすることで伝達能力を育成しようとするものです。つまり、コミュニケーション能力を身につけるには、現実の場面に近い、生きたコミュニケーション

---

[2] Hymes D. "On Communicative Competence" in J B Pride, J Holes (ed.) Sociolinguistics p269-293 Harmondsworth: Penguin

の練習が必要であるということになります。当然と言えば当然なことを言っているのですが、70年代以降の第2言語習得に関する研究は、これを定式として、これ以降、急速な発展を遂げて今に至っています。

日本の英語教育関係者はこの英語教育法の変化を心得ており、最近はどの英語教育現場に行っても「コミュニケーション」は強調されています。「高校においては英語は英語で指導することが基本」とするほどにもなりましたが、日本において遅れて始まったコミュニケーション重視の指導はまだ、十分な成果を上げるほどになっていないというのが現状ではないでしょうか。

その点では、KLASの英語教育はこの考え方を創立の1990年から徹底したものであり、CLT（コミュニカティブな英語指導）が本校における質的な特長を最もよく表していると言えます。

このCLTは、コミュニケーションの実践に用いられる言語運用能力を養うことを目的とした指導法であり、一般的には次のような特徴が上げられます。

①教師から生徒への一方向型の授業ではなく、学習者間で頻繁な双方向型のやり取りが行われる。
②学習媒体としては、言語教育のために作られたものではなく現実に使用されるテキストを用い、実生活に関連のある活動を取り入れる。
③学習者中心(Learner-centered)であり、学習者の必要や目標にも考慮し、学習者にとって「意味のある活動」を行う。

こうした知見からKLASの英語授業をもう一度、考えてみましょう。

各教室の基本スタイルは、講義形式の一方通行型のものではなく、発信と受信が繰り返される、①の言う双方向型のものであることはすぐに理解できるでしょう。求められているのは「教師と生徒のやり取り」ではなく、「学習者間の相互のやり取り」であるという点は、各授業に多用されていたペアワークやグループワークを想起させます。もう一度、思い出してみましょう。10年生のOral Communicationの授業のラインアップというアクティビティでは、2列対面の形で次々と相手を代えながら、自分のことを語り、相手の言うところを聞いていました。まさに「学習者間の頻繁な双方向のやり取

り」でした。

②の「実生活に関連のある活動」にはどのような意味があるのでしょうか。パターン学習に効果が見られなかった原因の一つには、題材に対する興味の薄さがありました。例えば、道順を聞く典型的なやり取りを端から聞いていても興味がわくはずもなく、自分自身の関与の低さから学習効果も期待できないのです。その点、ラインアップを例に上げるなら、「今度の旅行にどこに行くか」「そこで何を買うつもりか」という設定は、自分自身をコミュニケーションの真ん中に持ってきて、言いたいことを自分が持っているすべての知識を総動員して四苦八苦するのですから、自分自身の関与も深く、効果も期待できます。

③は「学習者中心」という意味では①や②と同じことを言っています。「意味のある活動」というのはどうでしょうか。どうすれば学習効果を高められるか、多くの学習現場を学習者の立場になって確かめてみると、確かな学習が成立するためには「学習者がその活動に積極的に関与するだけの意味を見い出すこと」が必要であることが分かってきました。11年生のReadingの授業で言えば、他国の知らない結婚制度についての文章を読むことは、高校生には十分に「意味のある」活動でした。この「有意味さ」によって、生徒たちはこの設定された場面を本当のコミュニケーションとして活用することが可能になるのでした。

さらに言えば、ショッピングを題材にしたラインアップを12年生にさせても効果はありません。課題としてやさしすぎることもありますが、大切なのは興味がわかないからです。これでは「意味のある活動」とは言えません。12年生のEnglish Literature IIでは、収容所における、答えの出ない窮極的な状況が与えられて自分ならどうするかについてグループ討論をしていたのを思い出してみます。NIGHTという小説を十分に理解している彼らは収容所の過酷すぎる状況を共感的に理解することができるし、12年生ですから事態を歴史、社会的に理解することもできます。そこに、「自分ならどうするか」という課題は十分すぎるほど「意味のある活動」です。英語で討論する彼らの真剣な表情がそれを表しています。こういう活動であるからこそ胸にある思いをどうにかして英語で表現しようと願うし、相手の言うことを真

剣に理解しようとするのです。

このように、KLASにおけるコミュニケーションを重視する指導はCLTの考え方に沿ったやり方なのです。

5. コミュニケーションを重視する指導を効果的にする二つの工夫

70年代以降、CLTは急速に発展していきますが、その中から二つの指導法が生まれました。この二つはCLTと同様にKLASの英語の特長をよく表しているので詳しく見てみます。

5-1 学習者のタスクを重視する指導 (TBI)

TBIはTask-Based Instructionのことで、学習者が与えられたタスク（課題や問題）を解決する時に起こる言語使用が言語発達を促すという考えにもとづいています。「英語の教室風景」で見たように、授業の中はタスクだらけであり、TBIの意味するところはすでにお分かりでしょう。TBIには様々なやり方がありますが、それらの特徴をまとめると次のような三つが上げられます。

①与えられるタスクをコミュニケーションを通して解決する。タスクには、必ず双方向型のやり取りが含まれる。
②テキストは言語教育のために特別に書かれたものではなく、authenticなものを使い、実生活に関連づけられた活動を取り入れる。
③言語の形式的な側面(form)よりもタスクをこなすことが優先される。Formに注意を向けさすことはあるが、あくまでもタスク遂行のためである。タスク中心であるが、formは言語活動の中で自然に定着することを狙う。

TBIの言うタスクは作業をすることに重点が置かれているのではなく、双方向のコミュニケーションを作り出すためのものです。10年生Oral Communicationのラインアップで、「何々について話せ」というのはもちろんタスクですが、同じ10年生Writingで見たレザン・プロジェクトも単に

英作文練習というよりタスクであり、コミュニケーションです。読み手はこの夏に渡航してくる新入生たちです。渡航前に、まだ見ぬ学校やレザンについて彼らに何を伝えるか、どう伝えるかを考えさせているのです。読み手を意識し、心の中の読み手と対話しながら英文を書くタスクは実質的にコミュニケーションと言ってよいでしょう。

②が言っている「授業でどんな題材を使うのか」は意外と重要な問題です。実のところ、授業のためだけに特別に書かれた文章は学習者の関心を呼びませんし、簡単に読めても読解力の向上にはあまり役立ちません。多少難しくても、現実に生活や社会で用いられている材料の方が役立ちます。語彙や文法などの補助を適切に行えば十分にテキストとして使えます。

11年生Readingでは、「婚活」が取り上げられていました。教科書にある文章はそのままでも十分に学習のための教材として使えますが、生徒はもっと高いレベルのことができると見た先生は、教材を補うことにしました。生徒の関心を考えて、イギリスの結婚式について書かれた文書を用意して、「外国の結婚制度」に引き込みました。補助教材を選ぶ時もその英文のレベルはとても重要です。簡単すぎては意味をなしません。この時に②のauthenticが重要になります。これは「本物として認められた」という意味ですが、要するに学習者用に書き直されたものではなく、「現実の母語者同士で使うような」という意味が込められています。ごまかしのない本物の文章でこそ良い練習になります。まず、イギリスの結婚式についての文章を読んで、そして、それを「諸外国」に広げてより広範な読みにつなげ、いくつかの諸外国の結婚式制度について書かれた文章まで読み、それを他のメンバーに説明しました。どの文章もauthenticそのもので読み応えがありました。

③の「言語の形式的な側面(form)よりもタスクをこなすことが優先される」というのは説明が必要でしょう。言語ですから、正確な文法の知識や地道な語彙の積み上げは必要不可欠です。コミュニカティブな英語の考え方では、これらを「言語の形式的な側面(form)」と呼んで、コミュニケーションから区別した上で、タスク優先を明示しました。この知見が、かつての指導法に則ってformの勉強ばかりしていても、コミュニケーションの力がつかなかったという反省から出てきたことは上述のとおりです。

では、文法や語彙などの形式的な側面の（form）の練習はいつやるのでしょうか、やる必要がないのでしょうか。CLTやTBIの答えが③のようになるのです。決して蔑ろにする訳ではありませんが、優先されるべきはタスクの遂行であり、formの勉強はタスクなどの言語活動の中でやるべきだということです。

　「英語の教室風景」の中で出てきたvocabularyの練習を思い出して下さい。扱う題材に含まれる語彙の中で大切な語彙の練習を、題材の学習の前や後にやっていました。Authenticな教材ですから、学習者には馴染みのない語も含まれます。学習現場の多くの場合、これらの語は事前に学習します。そして、現実にその題材を読んだり、聞いたりする時に、その場で立ち止まって辞書を引かせるようなことはあまりしません。その時の、読んだり聞いたりのタスクが優先させられるのです。学習者の意識をタスクの実行においておくためです。そして、formの勉強はタスクの中で自然に行うのです。学習の仕方についても、かつての指導法とは様子が違います。文法ではルールに着目させるよりも、どのように使うかという「用例」の中で身につけさせようとしますし、語彙も、言い換えてみたり、用例の中で理解します。

　以上のように、TBIではタスクを実行する時の現実のコミュニケーションに近い言語活動が外国語の習得を促すと考えるので、授業を計画するにあたってはいかに効果的なタスクを数多く用意できるかに腐心しているのです。

5-2 内容科目を利用して英語学習を加速させる指導 (CBI)

　学習者の教室内における言語活動に注目する考え方は、語学のための科目に限らず、通常の科目を学習者の第2言語（ここでは英語）で教えることで、科目の学習と同時に第2言語の上達につなげようとする考えに発展していきました。北アメリカではContent Based Instruction (CBI) と呼ばれ、ヨーロッパではContent and Language Integrated Learning (CLIL) と呼ばれることが多いようです。なにしろ授業中は英語しか使わないのですから、英語に接する機会を最大限にすることが可能であり、様々な概念を英語で理解することで高度な語学力につなげることが可能です。次のような特徴を上げることができます。

①科目の講義は、それに関する発語が中心である。内容に関連するキー概念の理解に直線的に進むが、原則的には文法などの form を取り上げて説明するなどの活動はしない。
②一般的には、語学学習用のテキストではなく、その言語を母語とする学習者のために書かれた authentic なテキストを用いる。
③内容理解、コミュニケーション能力、文化理解、認知能力などについての統合的な学習が可能である。

4-2 の「カリキュラム」で見た「内容科目」が CBI の対象です。KLAS では、生徒たちが英語で「苦労」しながら対象の勉強をしているので、一見して英語の勉強のように見えます。しかし、そもそも一般科目ですから、おのずからその科目の目標と内容があり、その意味では英語の学習だとは言えないのは明らかです。とはいえ、英語学習の側面からこれを見ると、まだ英語習得途上にある学習者が英語を使って、情報を処理し、概念を理解し、時には表現活動を行っているのですから、きわめて高い言語活動を行っており、それゆえに実質的には英語学習も進行していると言わなくてはなりません。現実には、本校においても、「英語科目」だけで現在の英語力伸長をもたらすのは難しかったでしょう。やはり、CBI の考え方にもとづく「内容科目」による言語活動も加わったからこそ、実現できたのではないかと考えられます。

CBI の③の特徴は、言語学習の域を超えた可能性を示唆しています。言語と文化や価値観とは密接に結びついていますから、英語を学ぶということは、英語の向こうにある英語の文化に触れることを意味します。よく英語はロジカルで直線的な言語で、日本語はファジーでやや曖昧なところがあると言われます。そういう言語の特性が文化に関係するので、日本語で学んでいては見えないものが英語だと見えてくることもあります。例えば、日本の古典文学の神髄に達するためにはやはり、日本の古文の知識が必要なように、英語で英文学を学習することには本質的な意味合いがあります。

言語そのものに現れる文化性だけではなく、科目の内容によってはもっと鮮明に価値観や立場の違いに出くわすこともあります。こんな例がありました。世界史の授業で、太平洋戦争の終結を扱った場面です。英語で書かれた

資料にはポツダム宣言受諾を決定づけた原爆の肯定的な意味を記すものがあります。生徒は大いに混乱するのですが、戦争ですから向こう側には向こうの論理がある訳で、こういう多面的な捉え方ができるためには、やはり日本語だけの資料ではなく、こういう資料にも触れておくことが歴史をよりよく理解するためには大切なことだとも言えます。科目を英語で勉強することは異文化学習になるのですが、このことは3章で詳述します。

英語の指導法としてのCBIに戻りますと、科目内容を英語で学ぶということは、非常に高度な英語の言語活動を保証することであり、生きた英語力を飛躍的に伸長させる効果が期待できます。学習者の立場を考えてみても、英語科目を通して自信がついてきたところで、英語で何かを学ぶことに挑戦してみたくなるのは当然なことです。

CBIの歴史が長いヨーロッパでは、学習者の比較的早期の段階で「その学習言語で科目を教える」ということをしているように見えます。他言語に触れる機会が多いヨーロッパではそれでもうまくいくのでしょうが、外国語の敷居が高い日本人にはおいそれとはまねができないでしょう。しかし、順を追って少しずつ高度なCBIに上げていくのであればできるのです。そのために、KLASでは、コミュニケーションの原理（CLT）を本格的に取り入れて、タスク中心の英語科目（TBI）の授業と英語で教える内容科目（CBI）の授業をふんだんに用意して、英語力を高めながら比重をTBIからCBIに移していき、CBIの難度も少しずつ上げていくという方針をとっているのです。

6. 行事や生活の中で使う英語

これまで3.～5.では生徒が英語力を身につける秘訣を授業の面から見ました。実用的な英語力のための取り組みは教室の中だけに留まることはありません。本項では、英語に触れる機会をさらに増やすために、教室の外で行われている取り組みを紹介します。

6-1 校内の情報伝達は英語

　KLAS では校内放送やすべての掲示物は英語を用いることがルールとなっています。このことは徹底されており、生徒・教職員には基本的な習慣です。校内の伝達手段に、Daily Bulletin と呼ばれる日報があります。校内のあらゆる部署やグループから出される伝達は英文で掲載されていて、生徒は毎日これを読んで必要な情報に触れ、必要な行動をとります。校内放送や掲示が英語で行われることは本校のような全寮制学校には大きな意味があり、日々の生活の中で英語を欠かせない伝達の手段として用いることを常に確認し合っています。

　また、校内で最も大きな会合は毎週金曜日に行われる Student Assembly という全校集会です。重要伝達事項はここでなされますが、校長や副校長の訓示をはじめ、生徒・教職員の発言まですべて英語で行われます。ここでは単に行事やミーティングの連絡に留まらず、生活上の出来事を共有したり、心構えを喚起したりするなど、より深い内容が口頭で交わされます。

6-2 Speech Contest, Writing Contest

　2種類のコンテストは年に各1回全校生徒が参加して行われます。コンテストが近づくと ESL の授業の中で、準備に入ります。トピック選びから原稿作成、表現技術や推敲に至るまで英語教員の指導のもとで準備を進め、各クラスからの代表者が全校コンテストに進み、最優秀作品、発表が選ばれます。すべての生徒が少なくとも年に一度は「話す英語」と「書く英語」の両方で自分の考えを表現する体験を持つことは、英語がコミュニケーションのツールであることを大きな前提としている本校では大切なことです。英語はあくまでも伝達の媒体であるというシンプルな事実を確認できる良い機会になります。

◀ スピーチコンテストの優秀表彰者

ライティングコンテストを例に、指導がどのように進むのかを見てみましょう。

求められる内容や技術のレベルは学年によって異なります。例えば、10年生は自分が選択した写真について説明する文章を書きます。形容詞、副詞やその他の修飾語句をたくさん使って、視覚や聴覚などの感覚イメージに焦点を当てることが含まれます。

11年生は、問題を提起して、その解決策についての考察までを起承転結の構造で表現することが求められます。

さらに、12年生は自分で設定した問題について説得力のある文章に取り組みます。反対論や賛成論を交えて、その議論の論拠を調べて書くことが含まれなくてはなりません。例えば、2014年の12年生の最優秀作は次のようでした。

「Comprehensive Gender Equality – How About "Men's" Right?」
西村花梨さん（12年生、2015年卒）

包括的な男女平等—男性の権利はどうなの？（著者、抄訳）

今日、ジェンダーの平等を実現するために女性の人権が強調されている。その結果女性の人権は前進したが、見落とされていることがある。人権問

題を調べてみて、私は男性の人権が無視されるか、その存在にすら気づかれていないことを知った。女性が持っていても男性が持っていない権利があるのだ。男性に対する家庭内暴力、兵役、服装の制限などにおいて、男性は女性と同じように扱われるべきだ。(中略)

2014年5月、フランスのナントで「スカートを取り戻せ」という運動が起こった。性差別に抗議するために、27都市の男子学生と教師がスカート姿で登校したのだ。確かにこれは奇妙な光景かもしれないが、これを伝えた記者は「これを単にウケ狙いの行為だと受け止めてはならない。パンツ姿の女性となんら変わらない選択なのだ」と書いている。(さらに男性への家庭内暴力や兵役が論じられるが、省略)

女性の権利の見直しが進む中で、男性の権利についても公正に検討しなくてはならない。スカートをはく権利などは暴力や徴兵制の問題に比べれば取るに足らないことだと軽視する人もいるが、これらすべては皆で認識しなくてはならないし解決しなくてはならない。最後に、男女平等問題は女性・男性の両方の視点から見なくてはならないことを強調しておきたい。

6-3 旅行レポート

年に2回、学校旅行があります。20人程度のグループに分かれて各地の文化や風俗に触れるのが目的ですが、帰校後には、生徒は見たもの感じたものを英語でレポートにまとめます。

レポートと言っても、調べて探求したものを客観的に書くといったものではなく、現地で見聞したものを自分の体感を通して旅行記として書き残すものです。その意味では、レポートというよりも、ジャーナル(日記)風なものだと言った方がよいかもしれません。例えば、自分の声が響く大聖堂のフロアーで感じたこと、アドリア海の風の中で食べたイカスミのパスタのおいしさ、そんな体験を得られた知識と一緒に綴っていきます。

3章でレポートの実例を詳しく見てみます。

6-4 同世代の外国人との交流・意見交換

　カナダの二つの高校と交換プログラムの協定を結び、6週間、十数名のカナダ人高校生が全寮制の本校で学びます。教室で、寮内の居室で、英語を用いて行われる有意義な交流です。また、オランダのハーグに本部を持つ NGO が主催する Model United Nations (高校生のための模擬国連) に毎年、代表生徒を送っています。生徒は、90か国以上から集まった3000人以上の高校生らと共に、1週間に渡って英語で意見交換を行います。

6-5 夏の英語集中研修と Pre-College Program (大学教育の先行学習)

　12年生の1学期はこれまで培ってきた英語力をさらに飛躍させる時です。生徒はいつものカリキュラムから離れて、英語集中プログラムで学習します。ちょっとだけ環境を変えて、集中的に勉強することで英語力の飛躍を期待することができます。次の二つがあります。

　Summer In Leysin (KLAS 本校)：　二つの言語科目と四つの異文化理解のための科目からなり、異文化理解の科目では交換プログラムで訪問中のカナダ人高校生と共に英語で学習します。同年代の外国人と共に西洋と東洋の文化の相違について、ワークショップを中心にして体験的に学習します。

　Summer Abroad Program (英語圏の大学キャンパス)：　英語圏の大学キャンパスでは、夏期休暇期間に高校生、留学生向けの様々なプログラムが催されます。大学の本課程の一部として開講されるものもあり、単位取得も可能です。生徒は、将来の専攻希望も検討しながら受講します。

Summer Abroad Program（以下、SAP）の様子を紹介しましょう。以下はある年のSAPで、カリフォニア大学サンタバーバラ校の単位取得が可能な科目である国際関係論をとった下向依梨さん（12学年、2009年卒）が提出したレポート（6枚）の書き出し部分です。

To: President Bush
From: Eri Shimomukai
Subject: China's Environment

Intro: One of the most serious negative consequences of China's rapid industrial development has been an increase of pollution. It affects the entire globe including the United States, so the U.S government should be aware of this problem. I'm going to suggest three policy alternatives, Cognitive Liberalism, Institutional Liberalism and Realism to the U.S government. Cognitive Liberalism suggests the solution which the U.S government helps China to educate citizens about the China's environment. Institutional Liberalism suggests the solution that the U.S donates the money to the international institution, UNIDO (The United Nation Industrial Development Organization) which promotes factories in China to decrease to produce pollutions.
Realism shows us the view that the U.S government does not care about the China's environment to protect own national security. Now, I think that Institutional Liberalism is the best policy alternative for solving the China's environmental problem because it doesn't cost a lot and the U.S can create the cooperating atmosphere via cooperating with other memberships of UNIDO.

Background: According to Bryan Walsh, the Chinese economy will continue to expand, and the population is expected to grow from 1.3 billion at present to 1.5…

ブッシュ大統領にあてた（とする）レポートの中で、中国の環境問題に関して、アメリカ政府がとるべき三つの政策的可能性を提案しようとしています。授業では国際社会を把握するための八つの観点を教わったのですが、与えられた課題はそのうちの三つを用いて自分が関心を持っている国際問題について、ブッシュ大統領に向けた提案書を作りなさい、ということでした。

　英語ネイティブの優秀な高校生に混じってこの科目をとった下向さんのレポートは、高い評価点を得ました。単に英語ができるだけでは、こういう探求型の課題において高評価を受けることは難しいでしょう。日頃から課題探求型のワークを通して、ものごとの本質を骨太に大づかみして、本筋からずれない論理を組み立ててみる練習を重ねておくことが必要です。

　本校では、そうした練習にも事欠きません。10年生から英語で日記を書くこと、話す練習のために英語でプレゼンテーションをすること、ESLや理科・社会の授業でまとまりのある考えを英語や日本語でレポートに表現すること、12年生のEnglish LiteratureやGlobal Issuesのような科目で論理を重視した作業をしていることなど、数え上げればきりがありません。そうした練習を順を追ってこなして力を蓄えた生徒だからこそ、こういう高度な課題でも、評価の高いレポートを作成することが可能になったのだと言えます。

2章
英語を学ぶ日々－人間的な成長

　理想的な環境を求めて校地をスイス・レザンに定め、そのために学校は全寮制のスタイルをとり、英語で暮らすことを求めました。当初、全寮制と英語での暮らしは、国際・英語教育のための手段のように見られていましたが、今では本校の大きな教育の柱であると考えられています。

　全寮制学校は、友人との共同生活の中で互いに切磋琢磨することで、対人関係や社会関係の上で様々な機会に恵まれ、生徒の人間的な成長に大いに好ましい影響をもたらしてくれます。

　英語で暮らすということは言葉の練習になることを意味するだけでなく、それは英語のロジックにそのまま乗ることであり、英語の文化を体験することにつながります。例えば、本校での生徒指導はしばしば西洋人によって英語で行われますが、そこには好むか好まないかにかかわらず、必ず英語のロジックや価値観が入り込みます。キリスト教文化の持つボランティア精神についても、生徒が西洋人教師らと英語で暮らすからこそ、体験的に知ることができるようになりました。

　言葉と文化にはとても興味深い関係があります。異文化を知るという意味では、これを3章で扱いますが、本章では全寮制と英語で暮らすことを基盤にして、生徒が大きく成長していく様子を見ていきます。

1.「しっかりとしたおとな」に育つ

　ある女子生徒のお父さんからこんな話を伺いました。「うちの娘は礼儀正しく素直な子に育ってくれたと思うが、一人っ子のせいか、少し引っ込み思案でマイペースなところがある。ともすると、わがままな振る舞いも出てし

まう。知らないうちに甘やかしたのでしょうかねえ。だから、寮で生活することは良い経験になると思います」

大切に育ててきた一人娘を15歳で遠くに出してしまうことは、男親としてはさぞ寂しいものだろうなと思っていると、こういう考えが返ってきて、なるほどと思うことがあります。

さらに、本校では毎年12月には日本で保護者会を開催しますが、ここで時々お聞きする話を紹介しましょう。

「新入学で7月に送り出して半年ぶりに自宅に帰ってきた息子は、以前に比べて少し大人になったような気がします。食事の前には何も言わなくても配膳を手伝うし、片づけも自分からするようになりました。何が嬉しいって、この前何かの拍子に『ありがとう』って、さらっと言うんですよ」

こういう話は10年生の親御さんから少なからずお聞きします。青年期の多感な年頃には、ある時期、親に素直な気持ちになるのに難しいことがあるのですね。中学生までは、何もしなくても出てくる食事を当然のように食べていたのが、半年後に家族で食卓を囲んだ時に気づいた、小さいけれども大きな変化です。

どちらのエピソードも親の思いが詰まったものです。それは、わが子に周囲を思いはかりながら、円満で豊かな人格を持った青年に成長して欲しいという願いから発しています。その願いは、勉強ができるかどうかはともかくとしても、人間の根本のところではしっかりとした青年に育って欲しいという切なる思いであることでしょう。

本校の入学時期は7月です。ほとんどが日本の中学を卒業した者たちで、日本の同年齢の若者とどこといって変わることのない普通の15歳の少年少女たちです。

一方、卒業時期は5月です。その時点で自由に英語を駆使し、どこでも立派にやっていける自信を持った若者たちは、大学教育を求めて各々の希望する進路に応じて、日本、アメリカ、イギリス、カナダなどに向かっていきます。日本へ向かう生徒はこれから大学入試の試練が待ち受けているし、海外の大学へ向かう場合は、これまでとは違って英語だけによる本格的な留学生活が始まるのですから、まだまだ安穏としていられる訳ではなく、彼らの前途に

待ち受ける困難に一つ一つ立ち向かい解決していかなくてはなりません。

　高校がほぼ全入化された日本では、実質的に高校卒業を機に他の人とは違う自分の人生を歩み始めます。その後の長い人生において、努力しても努力しても思い通りにならず途方に暮れたり、岐路に迷ったり、自分自身を見失ってしまうこともあるはずです。その時、自分と自身の置かれた状況を理性をもってとらえ、的確な情報を集めて、冷静に取るべき進路を判断し、自らを信じて果敢に行動しなくてはなりません。あるいは行動しないことを決めて次に備えなくてはなりません。これは「生きる力」だと言ってよいでしょう。

　この「生きる力」において、本校での3年間を過ごした生徒たちは、3年前の中学の同級生たちよりも格段に前進していると私は考えています。そこには歴然とした違いがありますが、それを表現することは簡単ではありません。私が見ている違いを、卒業生自身の言葉を紹介することで表してみたいと思います。

　卒業生にとってレザンは第2のふるさとであり、学校や寮は第2のホームです。大学生や社会人になった卒業生たちが折に触れて立ち寄ってくれます。

　そのような時に卒業生たちから時折耳にするのは、「大学の周りの学生が幼く見える」という言葉です。大学2年生の時に来てくれた卒業生に聞いた話です。「大学の友人たちは関心を寄せる対象が狭く、興味の対象を広げようとしない人が多い。そういう人にこちらから深くつき合おうとすると嫌がられることがある。相手の内側に入り込もうとする僕なんか変わり者に見られている」と言うのです。彼は、KLASの寮の濃い人間関係の中で、相手を知ろうとする努力は大切なことで、そうすることが当たり前だと思っていたのですね。知り合っても、一定の距離の中に他人を入れようとしない周りの人たちに違和感を感じたようです。私はこの話を聞いて、単純に、寮生活を経験した彼は対人の距離感が他と違うのかなと思いましたが、「幼く見える」という表現にハッとしました。彼にしてみれば、自分の趣味の対象に頑なで、自分に関心を持ってくれる相手を煩わしく思い、人づき合いを面倒なものと感じている周りの若者に未熟さを見たのでした。

　もう一つの例は、大学を卒業してアパレルメーカーで企画の仕事をしている女性の卒業生から聞いた話です。職場は女性でも長く無理なく働けるよう

に有給休暇はもちろん育児休暇もしっかり取れるようになっていて、今やっているマーケッティングの仕事もやりがいを感じているので、長く勤めたいと今の職に満足しているようです。よく聞くと就活時は、結婚や子育て支援の制度を重視して会社選びをしたのだそうです。しっかりしているなと相づちを入れると、「そうですね、私はおでんも一人で行きますし」と返ってきました。何のことかと思ったら、この職場では夜食代わりに近所のコンビニでおでんを買うことがはやっているそうですが、女子社員の多くは誰かが一緒に行ってくれるのを望むので、仕事の最中に頼まれるのは迷惑だし、自分は誰にも頼まないと言うのです。そして行く時には、周りに「ついでだから何か欲しいものはあるか」と声をかけると言います。そんなことが何だと思われるでしょうが、こういうのが若い女の人の間ではどうしても小さくない問題なのです。長い間、日本の若者を見てきた私には、自立の第1歩を軽々と踏み出しているように見えます。そういえば彼女はあるプロジェクトが終わった直後に上司から休暇を取るように言われ、その晩に取った航空券で翌々日に1人で日本を発ったとのことでした。15歳で親もとを離れた経験の持ち主にはこれくらいの行動力は驚くことでもないですね。

　学校を再訪問してきた若い卒業生との何気ない会話から拾ったこれらのエピソードは、本校の卒業生たちが特別な存在であることを言うために紹介したのではありません。その意味では、ごく普通の若者だといった方がよいでしょう。しかし、普通のたたずまいと振る舞いの中に、まなざしの中に、やはり周囲の人たちとは違うものを見い出すことができます。二人は少しだけ「おとな」であり「しっかり」としていると思えます。以下では、KLASの3年間を過ごした彼らがより「おとな」であり、「しっかりしている」ことについて考えてみたいと思います。

2.「おとな」になる＝社会性、自立性を身につける

　KLASでの3年間は、生徒をより「しっかりとしたおとな」にさせていることを保護者や卒業生の言葉から拾ってみました。このことを私は「KLASの3年間が生徒を人間的に成長させる」と表現しています。まずは何が「しっか

りとしたおとな」にさせるか、人間的に成長させる要因を押さえておきます。

　彼らがより早く「しっかりとしたおとな」に 成長できているのは、社会性と自立性を強めてきたからだと私は考えています。この二つの特性を備えていく過程を、私は「人間的な成長」としています。

2-1 社会性

　社会性というのは日本ではあまり聞かなくなった言葉ですが、本校の英語系の教員（日本人ではない）からはよく聞く言葉です。周囲の人と良好な人間関係を築いて、それを維持し、発展させる傾向や能力のことです。コミュニティを維持する考えよりもさらに人間同士の関係性を重視するという、つまりは周りの人とうまくやっていく人間関係力のようなことです。

　「人間は社会的な動物である」というルソーの言葉通り、人は周りの者との関係の中で自分自身を認識できるし、共同作業や分業を通して、より充実した生活や大きな生産活動が可能になります。社会性を発揮することなしに生活できないし、自己の成長もないのです。

　この人を人たらしめる社会性において、今の若者が置かれている状況はどんなものでしょうか。高度経済成長の時代の後、日本は家庭や学校、社会のあり方が大きく変化して、人と人とのつき合いは次第に希薄になり弱まってきたと考えられています。子どもや若者を取り巻く環境に限ってみても、大家族制度は核家族化し、隣近所とのつき合いもかなり減っている状況から、人づき合いが希薄になっているのは疑い得ないでしょう。

　家の中では両親と数の少ない兄弟姉妹だけで過ごすし、自分は勉強部屋があり、そこにいる限りその少ない家族とも話をする機会は多くはない。両親はお隣さんとはあまりつき合いはなく、自分はお隣さんと話をしたこともない。先生と親以外の大人と話をすることもあまりない。こんな子どもは例外的だとは言えず、多くの場合が似たような状況の中で成長しています。

　こういう社会背景の中で、若者の社会性は次第に弱まってきており、それが今の若者の弱点になっていると私は見ています。

　全寮制のKLASでは、文字通り一つ屋根の下、友人と共に喜んだり笑っ

り、時には怒ったり衝突したりする生身の経験を重ねながら、社会性を身につけています。先の一人っ子の女子生徒は両親と3人で暮らし、家では両親がいつでもすぐ側で見守ってくれます。しかし、寮では多くの寮生と共に2〜3人のルームメイトと同居して暮らします。この環境は他者の存在に気づくという意味で大変大きな違いをもたらします。先の例で、男子生徒がふと親にありがとうと言ったのは、寮の経験から「誰かが自分のために何かをしてくれている」ことに気づいたからだったのです。

このように、生きた人づき合いのつまった寮生活の中で生徒たちは他者の存在に気づき、社会性を磨く第1歩を踏み出しています。

2-2 自立性

「人間的な成長」の2側面のもう一つは自立性です。高校生の年頃は、親から自立するという意味では、完全に依存していた幼少の頃から大人になるまでの中間に位置し、過渡的な状況にあります。半分はすでに大人のような存在ですから、分別もつきます。しかし、半分は未熟なところも残っていますから結果的にはとてもデリケートな存在です。自立心と依存心はない交ぜになっており、強がったり甘えたりします。本人にしても自分で自分をコントロールすることが難しい時もあり、内面的な葛藤や衝動に苦しむことも少なくありません。ルソーはこの葛藤の様子を「熱病にかかったライオン」に例えて、その激しさを表しました。

このようにデリケートな青年期に寮生活を送ることができるのは、実に幸運なことだと言わなくてはなりません。

その理由の一つは、いったん親から離れて生活することになるからです。そうすることで、自分と親の関係を冷静に見つめ直すことができます。親のありがたみが分かるようになるチャンスですし、親の気持ちもうっとうしく感じないで理解できるようになるかもしれません。

幸運である第2の理由は、親から離れた先で、同年齢の者たちと一緒に暮らすことになるからです。この年頃には、友人から受ける影響は絶大なものがあります。自分と同じような気持ちを抱えて頑張っている同級生、そう

いう気持ちを乗り越えたかのように見える頼もしげな上級生たちを間近に見ながら、彼らの自立心が確実に芽生えていきます。

　このようにスイスで学ぶために、これまで共に暮らしてきた両親を残して遠くにやってきた彼らは、ここで自分のことは自分でしながら自立への階段を上がっていきます。他人と暮らす経験ははじめてのことで簡単なことではありませんが、何とか周りと折り合いをつけていかなくてはならず、様々な試行錯誤が始まり、これによって現代の若者の弱点である社会性と自立性を身につけていきます。

3.「他人と暮らす」ということ

　親から離れて、この学校で学び生活することが生徒たちの社会性と自立性を育てることをお話ししました。これを下支えしているのは寮において「他人と暮らす」という経験です。これがなければ社会性も自立性もこれほどしっかりと育たないだろうと思います。他人と暮らす経験が彼らの成長をどのように支えているかを考えてみたいと思います。

　これまで25年に及ぶ学校の歴史の中で多くの生徒を受け入れてきて思うのは、年々、人づき合いが苦手な子どもたちが目立つようになってきているということです。他人に対する関心がそもそも低く、他人を理解しようとする意識も少ないのです。そのため、他者の立場や他者の身になって物事を考えたり、他者を思いやったりすることがあまりない、そんな子どもたちが増えてきているように思います。人嫌いという訳ではありませんが、人づき合いが好きではなく、他者に関心が薄い、そんな姿を見ることは少なくはありません。

　それは本校のような、海外にあるきわめて特殊な高校の中だけで起きていることでしょうか。学校の小さな窓から日本社会を眺めていると、これは本校だけの現象ではなく、日本社会全体で人づき合いの苦手な若者が増えているように思えてなりません。

　その背景に何があるかと言えば、日本社会全体で「人間関係が希薄になっている」ことが上げられるでしょう。読売新聞社の「人間関係に関する全国世論調査」(2006年)では日本社会全体の人間関係が「希薄になりつつある」

と見ている人の割合は8割にもなっています。

「希薄になった人間関係」と「人づき合いが苦手な若者」は大いに関係がありそうです。社会の変化が若者の生活環境にどのような変化を生んだのでしょうか。

高度経済成長時代を境に子どもを取り巻く環境は大きく変化しました。地域のコミュニティの意味合いは低下して、父母が周辺の人たちと協働して何かをする姿を子どもに見せることはめっきり少なくなりました。2世帯同居の家族は少なくなり、兄弟の数も少なく、家族を通して人間関係の基本を経験する機会もかなり減少しました。物的な環境を見てみても個室が与えられるのは当然のようになり、21世紀になると携帯電話やネットを用いて、コミュニケーションのスタイルは劇的に変わり、時にはバーチャルな世界が現実の世界に影響するようにもなりました。日本の多くの子どもたちはそんな環境の中で、人間関係を学んでいるのです。

翻ってKLASの寮では、正反対の濃厚とも言えるような人間関係を前提とする環境で普段の生活が営まれています。寝起きを共にするルームメイト、三度の食事を共にするテーブルの仲間、クラスの仲間、ファカルティ・ファミリーの親や兄弟姉妹など、常に他者の存在を意識して暮らすことになります。他者への無関心を押し通すことは、ここでは容易ではありません。無視するには近すぎると言ってもよいでしょう。

KLASは小さな共同体ですが、こうした様々な人間関係の中から生徒たちは多くのことを経験し、学んでいます。その中から、ルームメイトと築く人間関係に触れてみます。『スイスの山の上にユニークな高校がある』(大西展子、くもん出版)でも紹介されている向井理恵(2006年卒)さんは、ルームメイトとの関係は親とも兄弟とも違う「何とも言えない関係」であり、そこには友情とは全く違う「同室愛」とでも言うほかない独特な関係が生まれると言います。誰と同室になるかは、自分では決められません。寮父母が考えに考え抜いて組み合わせを決めます。生徒はその相手と1年間暮していかなくてはなりません。親や兄弟は生まれた時から一緒だし、友人は自分で選んだ相手であることを考えれば、この「同室」だけはこれまで経験したことのない関係なのです。それゆえ、「何とも言えない関係」なのですが、そ

れでもなんとかうまくやっていかなくてはなりません。逃げてしまいたくなっても、一緒に暮らしている以上はそうもいかず、少しずつでも心を開いて折り合いをつけていく方策を探らなくてはなりません。本当は避けてしまいたいつき合いにも折り合いをつけるこのプロセスは、今の高校生にははじめての大冒険に匹敵するほどの大きな営みです。だからこそ、このプロセスを経て育んだものに特別な思いがあるのでしょう。

　私は、この「同室愛」は言うならば「隣人愛」のことだと思います。隣人を選ぶことはできません。同僚や上司もそうです。それでも社会生活を営んでいくためには、上司や同僚とうまくやっていかなくてはなりません。大人たちは昔も今も職場での人間関係をなんとかこなし続けています。どんな人とでも礼儀を欠かないつき合いをし、必要ならば言うべきことは言う、それができるのが社会人なのです。

　かつての子どもは親の立ち振る舞いを見ながら親の、大人の人づき合いを見て暮らしました。時に接する大人とのやりとりは、同年齢以外の人と接する良い練習でした。

　でも今の子どもたちはどうでしょうか。職場と住居の分離が進んで、親が仕事で様々な人とつき合っている様子を間近に見ることは少なくなりました。地域社会はかつてのような結びつきを失い、大人同士のやり取りを見聞する機会も減りました。身内の家族との結びつきは強くなりましたが、自宅周辺でフォーマルな人間関係を経験することはめっきり少なくなったのです。

　このように言うと、今の子どもは人づき合いを嫌って孤立する困った存在のようになってしまいますが、そんなことはありません。実際は周りの人に気を配ろうとしている、優しい子どもたちなのです。しかし、知らない人や気の合わない人、年齢の異なる人とうまくやっていくことは、練習が足りないので不慣れだと言えます。

　隣人と折り合いをつけなくてはならない機会がめっきり減った日本社会に生まれ育った若者が、スイスの寮で、自分で選んだ訳ではない「同室（ルームメイト）」と暮らします。向井さんの言う「何とも言えない関係」ですが、なんとか折り合いをつけてやっていかなくてはなりません。相手の存在を尊重し、必要があれば言うべきことは言わなくてはなりません。それでいて仲

良くやっていきたいのです。このように他と折り合いをつけて暮す経験が、どれほど彼らの成長を促しているか計りしれません。

4. 寮生活は生き方の勉強

　他人と暮らすということは、大きなインパクトをもって生徒を精神的に成長させてくれる可能性を持っています。このことを当の生徒たちはどのように感じているでしょうか。このことについてぜひ、紹介したいエッセイがあります。細谷一樹君（12年生、2007年卒）が卒業文集に書きました。少し長くなりますが全文を掲載します。

勉強

　KLASでの3年間とは何だったのか。気が遠くなりそうなほどのたくさんの記憶を掘り返してみる。ふと、こんな言葉が浮かんできた。「勉強」。学問を学ぶことを意味するだけの「勉強」ではなく、広い意味での「勉強」。言い換えれば、「生き方の勉強」である。そして、僕のKLASでの3年間を表現するのにこの上ないほど似合った言葉である。
　KLASに来る前、僕にとって「寮生活」という3文字は、そこまで深い意味を持っていなかった。もし、「『寮生活』って何？」と聞かれていても、ものの数秒で答えていただろう。しかし、もし今同じ質問を尋ねられたらどうだろうか。きっと「お茶でも飲みながら話そうか」と言うだろう。それくらい、少しの時間では到底説明できないほど、「寮生活」という3文字は深い意味を持った。
　人間は、他者とのつながりなしでは生きていけない。寮生活が痛いほどそれを僕に教えてくれた。KLAS男子寮のスローガン、"Be polite to others"。これは男子寮に住む生徒たちのテーマであった。何より人に気を使うことの大切さと、コミュニケーションの大切さを教えてくれたのは、ルームメイトだった。気心が知れたルームメイトでも、自分の好き勝手に生活したのでは、まずうまく暮らしていくことはできない。ルームメイトが寝ている時は静か

にするなど、一人部屋では到底気にする必要のないことでも、気にして生活しなければならない。日常会話も大切である。「今日は学校でこんな面白いことがあった」とか、そんな些細な会話が大切なのである。平日の夜、次の日に学校があるというのに、深夜までルームメイトと語り合ったこともあった。そんな夜を過ごした次の日は、不思議と部屋の雰囲気がよい。つくづく会話の大切さを感じた。

　大切なことを学んだのは、もちろん寮生活からだけではない。KLASの行事からも多くのことを学んだ。KLASには、クモリンピック、オープンハウス、ミュージカルなど、独特の学校行事がある。なかでも、多くのことを学んだ行事が、クモリンピックであった。クモリンピックのチームダンスほど、生徒が一丸となるものはない。膨大な練習時間を費やして完成させたダンスは、どのチームのものも見る者に感動を与える。その完成されたダンスの裏に、一人一人の努力が詰まっているからである。練習中に喧嘩もあったし、全員の動きが揃わず、練習が進まないこともあった。それでも、本番のダンスを終えた後の皆の顔はどれも喜びで溢れているのだ。その笑顔を見るたびに、皆で何か一つのものを作り上げる素晴らしさを感じた。

　最後に、もう一つだけKLASで学んだことをここに記したいと思う。それは「自分を見つめる」ということである。大自然に囲まれたLeysinは日本と違い、あまり周りのものに捕われずにすむ。その分、自分と嫌でも向き合わなければならない時もあった。KLASに来るまで、自分の嫌なところ、だめなところが見えていたものの、それらと真剣に向き合って、深く考えたことがなかった僕には、とても良い環境であったと思う。学校の勉強面、人間づき合い、自分の将来を考えることなど、それぞれの葛藤と苦難を経験してきたことによって、以前よりずっとそれらと素直に向き合えるようになったことは、自分にとってのKLASでの一番の成果だと思う。

　KLASには学べることが溢れている。僕がそれらの幾つを学ぶことができたのかは分からないが、過ごしてきた3年間はこれまで経験したことのないことの連続だった。僕は確実にこの3年間で成長することができた。これからも「勉強」はずっと続いていくだろう。KLASで学んだことを胸に、これからも己の勉強に精進していきたいと思う。（下線は筆者）

振り返ればKLASでの3年間は「生き方の勉強」だったと言います。冒頭に続く部分で、彼が見抜いている「人間は他者とのつながりなしでは生きていけない」という言葉は、18歳の少年としては立派な見識です。私のようにルソーの言葉を引き合いに出すのではなく、自分の生活の中から探り出したものですからなおさらです。他者との濃いつながりの中で暮らした卒業生ならではの喝破ではないでしょうか。日本の自宅にある快適な個室でケータイを片手に好き放題の生活を送っていては、なかなかこの見地にはたどり着けないでしょう。

　次いで団体活動から得た経験を語り、彼は「自分を見つめる」ことを学んだと言います。自分と向き合うのは難しいことだが、それができるようになったと述懐しています。そのためにKLASは「とても良い環境」であったと分析しています。青年期には、自信過剰になったり劣等感に悩んだりして、自己イメージが定まらないことがよくあるものです。そんな時期、「自分を見つめる」最良の方法は、同世代の者とのつき合いや良き師や親との語らいです。そうしたものが豊富にあるのが全寮制の良いところです。この生徒は、そうした環境の中で多くのことを学び、それが「自分を見つめる」ことにつながったのでしょう。しかし、それは決して楽しいことばかりではなかったはずで、「葛藤と苦難を経験した」と正直に表現しています。それでも、卒業時点では、そうした経験のお陰で、自分のことに素直に向き合えるようになったのが「KLASでの一番の成果」だと言っています。

5. 成長のポイント、他者存在の認識

　10代後半の若者にとって、他人と暮らすことが大きな挑戦であり、その塊のような寮生活が貴重な「学びの場」となっていることがお分かりいただけたと思います。

　寮生活が彼らの成長の上で良い環境になっているのは疑いようもないとして、では、寮生活の何が成長を促しているのでしょうか。成長が始まるポイントには何があるのでしょうか。

　先に私は「人間的な成長」とは「社会性」と「自立性」の伸長のことであ

ると言いました。この二つのうち、特に「社会性」が大切だと考えています。そして、社会全体で人間関係が希薄になっていることが現代日本人の社会性の弱さにつながっており、それから起因する親密ではあるが、共生的な家族関係が子どもたちの自立性の発達を損なっているという見方をしています。おそらく、「人間的な成長」にとって「社会性」の方がより根源的な問題でしょう。

　社会性に関連して、門脇厚司氏(筑波大学名誉教授)は『子どもの社会力』(岩波新書)の中で、「社会力」という言葉を提唱しています。彼によれば、社会力とは「人と人がつながり社会を作る力のことであり、さらにはより良い社会を作ろうとする意欲のこと」であり、「その大もとは他者への関心、愛着、信頼感である」としています。

　人と人がつながる始点は他者への関心だという訳です。つまり、現代の日本の若者において社会性の弱さがあるとすれば、それは他者存在の認識が弱まり、他者への興味が薄れた結果であるということです。だとすれば、我々は他者への関心、他者存在の認識を取り戻すことから始めなくてはなりません。

　他者への関心がなくては、寮では周りが見えなく、つい行動や発言が自己本位になり、周囲との良好な人間関係を築けません。現実に寮内で起きる生活上のトラブルは、もう少し他者への気遣いがあれば防げたと思われるケースがほとんどです。とはいえ、そう思うのは大人の目線から見ているからであり、当の当事者にしてみると、「この行為が後に誰の不愉快になるか」をよく見通せていないか、そこに関心を寄せる気持ちがないからそうなる訳で、「話せば分かる」というほど単純でないこともよくあります。

　こういうトラブルを未然に防いだり解決したりするには、視野を広げて、よく見えていない他者を見えるようにしなくてはなりません。

　もちろん、これは視覚の問題ではなく、認識の問題です。同じものを眺めても人によって見え方が異なるように、他者をどのように見るかは人によって違います。成長期にある子どもならば、精神的な成長の度合いによって違います。他者の存在が自然に認識できるようになって、はじめて他者への関心がわき、そこから共に快適な暮らしを模索する意志が生まれます。

　他者認識は人の成熟と同じように、人間関係上の経験を重ねながらゆっくりと進んでいくものであり、一朝一夕にはいかず、時間がかかります。上記

のトラブルも快刀乱麻を断つようにはいかないことが多いでしょう。

とはいうものの、我々としてもただじっとして時を待つばかりではありません。彼らに働きかけて成長を促そうとすることもあります。そのために、周りの者のことも考えてみようと何度も呼びかけることになります。

「相手や他者のことについても考えてみよう」「その上で、自分にも何かできることはないかい？」という問いかけは、次第に Be polite to others という標語になりました。ちょっと立ち止まって相手のことを考えてみて、自分にできることから始めてみるための合い言葉のように使われました。

しかし、「礼儀正しくしよう」という部分だけが受け止められると、相手はどうあっても自分の方だけでも努力しなくてはと自罰的になってしまうので、互いに礼儀正しくなることを強調するために Respect others という言葉が生まれ、生徒の間でもしきりに使われるようになりました。

ことあるたびに、この言葉は寮父母をはじめ、先生や生徒の中でも繰り返し使われ、寮の中では大切なスローガンになっていきました。生徒が他者の存在のことを忘れかけている頃、何か苦しい決断を迫られる時、背中を押すように、誰かの気持ちを代弁するように、生徒たちの、先生たちの胸に響き、そのお腹の中にストンと落ちます。

入学してきた時、新入生たちは、まだ周りがよく見えていない状況です。同級生同士でトラブルにもなるし、上級生ともうまくいかないこともあります。問題が起きた時、自己中心的なものの見方からは、問題が自分の外にあるように見えるか、あるいは問題が起きていること自体が見えないかもしれません。これでは、なかなか問題を解消することができません。

こんな時、頻繁に Respect others の言葉や考え方が出てきます。繰り返される Respect others は彼に自己中心的なものの見方から解き放たれるチャンスを与えるようになります。「相手の言い分も聞いてみよう。そうか、今まで気づかなかったけどそういう捉え方もあるのか。そうすると相手もイヤな思いをしたのだな」と、ここまでくれば解決の糸口がつかめそうです。しかし、相手の立場に立ってみることは当事者にとってはとても難しいことです。「分かりました」と言って頭を下げることはあっても、相手の立場を理解したとは言い切れません。本当の解決は他者の言い分を自分の理解の中

に入れることです。しかし、それが難しい。大げさなようですが、見方を変えることは世界観を変えることですから、コペルニクス的な転換であると言えるかもしれません。

　こういう転換は、半年ぶりに家に帰って「ありがとう」を口にした男子生徒や、「おでん買いに行くけど、何か欲しいものありますか」と声をかける若い社員などの些細な場面でも、細谷くんの書いたエッセイ「勉強」でも確認することができます。

　Respect others の実践には、これまで目に入らなかった他者の存在を認識し、自分の視座を少し動かしてみることが必要です。他者存在の認識は「しっかりとしたおとな」になるための、生き方の勉強のための、生きる力のための出発点かもしれません。人間的な成長のためには大切なポイントです。生徒の生活場面に密着して彼らを見続けている寮父母は、こうしたポイントをつかむチャンスが寮生活の随所に埋もれていることをよく知っています。はっきりと見えるように現れてくることもあれば、見えにくいものもあるでしょうが、それらは知識の勉強ではなく、内面的で精神的なものです。教えたり、教わったりするものではありません。寮父母は生活上の秩序と安全に配慮しながら、生徒たちがこの成長ポイントを超えていけるよう見守っています。

6. 寮父母

　学校には男女の二つの寮校舎が併設されており、約 90 名ずつが共同生活をしています。スーパーバイザーとして寮父母 (Dorm parents) と呼ばれる教員が 1 名ずつ寮校舎内のアパートに居住して、毎夜、生活指導にあたっています。この場合、日本では寮監と呼ばれて生活規律を監督するイメージがありますが、本校で Dorm parents と呼んでいるのは、監督者として見張るのではなく、父母の代わりとなって生徒の成長を見守る立場を強調したいからです。

　生徒たちからすれば、寮父母は学校の先生のような存在ですが、寝起きの生活現場で日常的に接する大人ですから完全に先生と同じとは言えず、もう少し本音に近いところで話ができるので、父母のようでもあるのです。先生

のような父母のような微妙な役回りの存在は、子どもから大人への過渡的な存在である彼らに貴重な存在です。勤務は夜が中心ですから厳しい仕事ですが、しっかりとやっています。一人で大勢を見るのは大変なように思えますが、一人で継続的に見たり相談に乗ったりしているので生徒の小さな変化も見つけやすく、生徒にとっても同じ先生にずっと見てもらえるのは安心にもつながり、安定感のある相談活動ができます。

寮父母がどのような思いで生徒たちを見守っているのか、じっくりと話を聞いてみました。

6-1 寮父、松野岳水先生のインタビュー

── 私は2014年卒業の生徒5人に、卒業直前に会いました。彼ら一人一人に自身の3年間を振り返ってもらってこの3年間は何だったのか、直接語ってもらいたかったからです。その様子は4章に収録されていますが、彼らの話をじっくりと聞いて、あらためて、生徒たちはここでの3年間で大きく成長しているなと実感しました。

そうですね。高校生という年代はどのような環境でも大きく伸びるのでしょうが、この学校には彼らの成長を促す要素が特に多く存在すると思います。寮での共同生活もそのうちの一つでしょう。

寮では3学年の高校生が一緒に暮らしており、学年ごとの役割意識のようなものが見えやすく、上級生は下級生の面倒をよく見ますし、下級生は上級生の行動をよく見ていて、彼らがやるべきことを探しています。下級生の頃にいろいろ言われて「うるさいなあ」と思っても、自分が上級生になってみると、あの時どうしてそのように言われたのかが分かるようになる。こういう過程を経て、3年間のうちに責任感や当事者意識が

徐々に芽生えてきます。「自分は周りの人たちに育てられてきた。今度は自分が周りに貢献したい」という気持ちが生まれやすいのですね。そして、生活を共にしているから、周りの人間の行動の裏にある何かにまで思いが至るのだと思います。

　特に、最終学年の12年生になると、「このままではいけない」という自分自身や周囲に対する課題意識が、ただ下級生に言葉で伝えるだけではなく、彼ら自身をいろいろな行動に駆り立てるようです。

——役割意識の変化が成長の土壌になっているようですが、「今度は自分の番だ」と思った生徒は、誰でもそういう建設的な行動をとれるようになりますか？

　行動を起こすのは難しいことですが、そもそも、自分の置かれた状況を客観視し、課題の存在に気づくことが最初のハードルとしてあります。「行動の壁」の前に「気づきの壁」があるとでも言いましょうか。それを越えるのは誰にとっても時間がかかることで、生徒によっては表面的になかなか変化が見えないこともあります。ただ、そういう子が日本の親もとにいて個室で気ままに暮らす状況と比較すれば、寮で生活することで自己客観視がしやすくなるのは確かでしょう。ここでは、自分のしたことに対して周りの人間からの反応がすぐに返ってくるので、自分の振る舞いを嫌でも考えなくてはなりません。ですから、いろいろなタイプの子が共同生活する環境そのものが大きな教育力と言えます。3人で部屋を共有する経験が彼らに考えるきっかけとして働きかけて、気づきの壁を低くしていると思います。

——「気づきの壁」が低くなって、次に「行動の壁」を打ち破るにはどうしたらよいのでしょう？

　誰もがはじめから率先して動ける訳ではありません。多くの場合、ルームメイトや友人、モデルとしている上級生の行動を見て、あるいは周囲のアドバイスに影響されて動き出します。その一歩が大切で、そこから何かが始ま

ります。生徒には「見よう見まねでもいいので、まずはジタバタしてみて、動きながら考えてみなさい」と言っています。

　仮に心が動いたとしても、必ずしも行動できるとは限らないのですが、周りの生徒たちの中で、あえて動き出してうまくいった例を身近に見ていることは大きいですね。友人たちの成功例が躊躇する彼らの背中を押していると思います。そして、多くの失敗例もまた、彼らに少なからぬ教訓と判断材料を与えています。大げさかもしれませんが、寮には、歴代の生徒たちによって積み重ねられた「暗黙知」のようなものが受け継がれていると感じます。

——生徒が成長していく背景がよく分かりました。その一方で、寮では生活指導も行われます。気をつけていることは何ですか？

　どんな社会集団にも規範があります。これを外してしまったら集団が保てないというルールですね。当然寮生活にも規範があるので、「生活指導」としては、そこからの逸脱には毅然と対応します。もちろん生徒個人の話は十分に聞きますが、処遇に関して個別の事情を反映させることはあまりありません。生徒一人一人の気持ちに寄り添えば寄り添うほど、彼らの後悔や怒りなど様々な感情に触れてつらくなりますが、共同生活の場である寮や学校の秩序を優先せざるを得ないこともあります。

　一方で「生徒指導」としては、個々の生徒に one to one で対応しなくてはなりません。例えば、生徒が過ちを犯した場合、なぜそうなったのかを生徒自身に語らせることが大切です。そのためには、生徒との問答を繰り返す必要があります。そうすることで、生徒も考えや気持ちが整理されていきます。本人が納得した上で処遇を受けられれば何よりですが、仮にそうならなくとも「社会の一員として」「寮父として」「男として」と様々な面から彼らに耳を傾け、こちらの意見を伝えることは、決して無駄にはならないと信じています。本当は、問題が起きる前にそうしたコミュニケーションによって問題の種を見つけ出すことが理想なのですが、なかなかうまくいきませんね。ただ、「今ならこの子と深い話ができそうだ」というような、時宜をつかもうとするアンテナは持ち続けたいと思います。

寮生活全般を考えると、寮の共同体は部活動のように同好の者が集まった集団ではないので、住人の考え方や価値観が多様であることが大前提です。生徒は「あの人はどうして分かってくれないのか」などと悩むのですが、本当は「みんな違って当たり前」という前提からスタートしなくてはなりません。逆に、そこから始まるからこそ、分かり合えた時の喜びが大きいのではないでしょうか。

——どんな寮父でいたいですか？

　普通の大人、社会人としての目線を持っていたいです。生徒は学校へ行けば成績などの分かりやすい物差しを持っていて、それを目標に頑張っていますが、異なる物差しも世の中にはたくさんあります。この小さな学校で時には行き詰まり、窮屈に感じる時もある。でも、今は価値のあるものに見えなくても、別の物差しをあててみれば、それが意味のあることで後で役に立つということもある。そういった少し違う角度からの視点を「学校外の目」「社会の目」を通して差し出せるような存在でありたいです。
　生徒が日本にいれば家庭や社会の枠で触れていたであろう考え方を、ここでは私が代弁者の一人として精一杯想像し、生徒との個人的関わりの中で提供できればと。もちろん本当の親代わりはできませんし、逆に生徒にはここにいる間に親との関係をしっかり考えさせて、将来の自立につなげてあげたいですね。
　この学校のいいところは、家を遠く離れて暮らすことで家族の大切さを再認識できることです。私は、少し離れた親戚のような立場から、彼らの視野を広げる手伝いができればと思っています。

6-2 寮母、川﨑照予先生のインタビュー

——卒業間近の5人の12年生と会って、じっくりと話を聞き、彼らの成長ぶりを再認識しました。

親バカというか寮母バカだと言われそうですが、そういう成長はこの5人だけではなくて、一人残らず生徒全員がこの寮生活を通じて成し得ていると言えます。寮だからこそ、伸びるスピードも速いし、伸びる度合いも大きいと思います。寮生活が成長の糧になるのは逃げ場がないからかな。それは苦しいことでもあるけど、それだからこそ自分の弱いところに向き合えるのではないでしょうか。周りの子も優しくて、その子の良いところもダメなところも知りつつ、程よくサポートして、程よく一人にして考えさせてくれます。24時間一緒にいるから、こういうつき合い方になります。「ここは一人で考えさせるべき」とか、「ここは自分たちもしっかり言うべき」とかメリハリがつけられます。といっても、人を責めるようなイメージではなく、そうなったとしても、誰かが「それは言い過ぎじゃあないの」とか、「私はあなたの側につくよ」とかフォローの言葉が出てきますね。

　一時の共同生活だと人には冷たくなるかもしれないけど、ここでは3年間やっていくのでトコトンつき合う覚悟ができているのでしょうね。みんなが同じところを通過していて、自分でも至らない点があるのを自覚していて、私が想像していた以上に優しさや思いやりがあって、日常的に助け合ったりしています。不思議と役割分担が生まれて、例えば誰かが厳しく言うと、別の子が優しくなったりしますね。

右上が川﨑先生

――どんな寮母でいたいですか？

　私としては、いてもいなくても寮が変わらないという状態になる寮母でいたいですね。本当は生徒だけで寮はやっていけるはずなのです。しかし、若い人たちの共同生活ですから突拍子もなく何かが起きるのですね。そのために大人がいて必要に応じて整理してやらなくてはならないけど、それ以外は、彼女たちの流れに沿っていればいいのですね。あまり私が入り込むと、彼女た

ちの成長力を削いでしまうことになると思います。見守るポジションを保つのは簡単ではないけど、できるだけ邪魔しないようにしたいと思っています。

——見守る寮母をめざしているということですが、この子は今大切な時期なのであえて口を出すということはありますか？

　個別に呼んで話すこともあるし、その生徒の部屋に行って話すこともあります。あともう一押しで大きく変われるというような状況だったら、励ましたり喝を入れたりもしますし、メンタル面で弱い子はあえて強く言うこともあります。頭が痛くて学校に行けないとグズっている子に強く押し出すこともありますね。そういう言葉は誰にでも通用するわけではなく、そういう話ができるレディネス（準備）やラポール（関係）ができていないとダメですね。ですから、日頃からの信頼関係を大切にし、生徒をよく見ておかないといけないと思っています。

——生徒の成長の本質ってなんでしょう？

　成長のスタート時点にあるのは、彼女たちの向上したい、成長したいという気持ちでしょうね。それを内的要因として誰もが持っていて、そこにキッカケが加わって変化に向かうのでしょう。どんなことでもキッカケにはなるでしょうが、変化に向かう時に共通しているのは、視野の広がりでしょうか。これまで一方向しか見えていなかった子が、ある時、別角度から見られるようになる。すると、決して投げやりでなく、「ああ、これでいいんだあ」というふうに「前向きな諦め」のような状況になるんですね。
　こうやって物の見方が変わって視野が広がるのは、共同生活の中でいろんな考え方に触れて、他からの影響を受け続けてきたからなのでしょうね。共同生活ですから、考え方の違う人ともなんとか折り合いをつけなくてはならない。他からの影響を受けずに孤立した生活をすることはできないのですね。そこに成長できる環境があります。

――共同生活が成長を促進していることがよく分かりました。でも、その生活はストレスですよね。ストレスを少なくするには？

　10年生によく言うのは、自分の弱さに向き合わなくてはならない環境だからこそ、人に合わせるばかりでなく自分自身がマイペースで過ごせる時間を確保しなさいということです。周りから受ける影響は本当に大きいので、今度は自分がどうしたらいいのか分からなくなることがあるのです。だから、例えば、周りが一緒に遊んでいる時に、あえて自分だけ本を読むというような時間も持ちなさいと。人に合わせているだけではダメで、マイペースも大切です。

――寮の生活指導の面ではどうでしょう？

　学校で決められたルールに関しては、特別な事情がない限り、例外なく指導します。これは共同生活を成り立たせる枠なので徹底しますが、だから私はおっかない、うざい先生だと思われているでしょう。まあ、そう思われるのも必要でしょうか（笑）。

7. 英語による生徒指導

　学校の雰囲気はいたって明るく、自由で、のびのびとしています。校内を歩けば、生徒同士はよく挨拶をし合っているし、互いに談笑しながら楽しそうにしている姿が見られるでしょう。いつも来訪者にも挨拶をするので、すぐに気づくはずです。生活状況にしても、起床、登校、食事、就寝などは何も言わなくても自律的に行われます。全寮制として生活関連のルールもありますが比較的よく守られており、明るく健康的な雰囲気の中で各生徒が自主的にてきぱきとした行動をとっています。

　寮内での生徒のスローガンはRespect othersであると言いました。これは、生徒たちが自分の行動をコントロールしたり集団の快適さを保ったりするのに役立ちますが、若い高校生の集団での生活ですから、これだけで、行動の

逸脱やルール違反のすべてを未然に防ぐことはとてもできません。生徒の行動を集団としての許容の範囲内に収めておくための仕組みや働きかけが必要です。それは、日本では生徒指導と呼ばれ、本校では discipline（ディシプリン）と言います。英語の discipline は、特定の分野やコースのことをさし、そこに導くことを意味します。家庭ではしつけのことになりますが、学校教育の場では規律、処罰を意味します。日本で生徒を指導（guidance）することを本校では discipline ＝規律、処罰すると表現しますが、この両者の考え方の違いを認識するためには意味深長です。本校で明るく健康的で規律のとれた生活が保たれているのは、guidance だけではなく、discipline の考え方も含めての生徒指導がなされていることが大きいと考えています。

7-1 KLAS の discipline

　本校の生徒指導は日本と比べれば厳しいものです。それは discipline の考え方で行われているからです。
　ルール違反は深刻なものもそうでないものも例外なく適切に指導されます。宿題の未提出や集合時間への遅れなどの些細な違反にはクロスが与えられて、それが三つ溜まるとディテンション（detention）という指導の対象になり、金曜の夜、１～３時間の反省の時間を過ごさなくてはなりません。これとは別に、タバコや飲酒などの深刻なルール違反には４段階のペナルティが課せられて、それでも違反が続くのであれば段階が進み、より大きな警告になります。これらが例外なく行われるということは、生徒がその時々に持っている言い分や事情にかかわらずということなので、その意味で「厳しい」ものです。
　しかし、ディテンションが良い結果をもたらすには、この「例外なく」というのがとても重要です。その場その場で対応を変えれば、生徒は先生に不信感を持って、次から先生の言うことを聞かなくなってしまうし、そもそも、場面によって対応が違うのであれば、生徒は「運が悪かっただけだ。この次はもう少しうまくやろう」と思って終わってしまいます。
　「例外なく」のためには、ルール違反を見て見ぬふりをして見過ごすこと

も止めなくてはなりません。生徒には言い分のあることがあります。それを聞けば、「そうか、それなりに君も大変なんだな。今度だけは許してやるから、次からは気をつけてな」と言いたくなります。しかし、これは見せかけの指導です。一瞬は互いにほのぼのとした気分になりますが、もし生徒が「ラッキー」と心の中で舌を出しているようなことになれば指導は台なしです。

「例外なく」を実践するのは実に大変なことですが、学校では実直にこれを押し進めています。判断に曖昧なグレーゾーンを残しておくと、ルールの解釈に幅ができ、このグレーゾーンの中で新たな違反が生まれてきます。やがて判断のためのラインは後退せざるを得なくなるでしょう。それでは規律は保てなくなり、違反が堂々となされるようになれば、多くの者にとって24時間を共に暮らす寮制学校の生活は不愉快なものになってしまいます。

こうした例外のない指導が行われていると聞けば、軍隊のような厳しさで、いわば管理教育の方法がとられていて、すべてに規則が先行して殺伐とした雰囲気になっているように想像してしまうかもしれません。しかし、現実の学校の様子は先に述べたように明るくのびのびとしています。うまくいっている理由を考えてみます。

7-2 ゼロトレランス（Zero-Tolerance）

規則を定めたら、それを規則通りに運用する。規則違反を安易に許容しないで、規則違反者にはトレランス（tolerance）なしに規則通りの措置をする。こういう生徒指導をアメリカなどの英語圏の教育界ではゼロトレランス（Zero-Tolerance）と呼びます。トレランス（tolerance）とは、寛大さ、寛容さ、忍耐強さ、我慢強さのことで、ゼロトレランス（Zero-Tolerance）とは、寛容さがゼロの指導ということになります。

KLASのdisciplineはこのゼロトレランスです。原則、規則の違反が見逃されることはあまりありません。事情を聞いてやることはあっても、それを酌んで結果を変えることはありません。基本的にはあらかじめ決めてあるペナルティが与えられます。先生は淡々とこれを行い、生徒は粛々とこれを受けます。これで本当にうまくいくでしょうか。規則があるだけで人間的な暖

かみがなく、管理だけが先行して冷たいコミュニティにならないかという疑問が頭をもたげるのも分かります。

　KLASは創立の1990年からゼロトレランスにもとづく生徒指導を行っていますが、ゼロトレランスは今世紀に入ってからアメリカで進んだ教育改革の中にも中心的なスローガンとして掲げられました。改革は1997年アメリカ大統領クリントンが行った「21世紀におけるアメリカ教育のための呼びかけ」に端を発します。荒れていた学校を立て直して、安全で規律ある学校にするために、いくつかの生徒指導上の具体的な方針が示されます。この中の一つに「ゼロトレランス方式を確立する」ことが上げられており、「規則を強化し、規則違反者には厳罰で対応し、問題生徒を言葉で指導するのではなく、必ず罰則を与えて責任を取らせる」方針を明示しました。数多くの教育委員会がこの方針のもとにガイドラインを書き変え、各学校がこれにもとづく指導をするようになると、荒れた学校は明るく、自由な学校に生まれ変わっていきました。(『学校再生の決めて』加藤十八、学事出版)

　学校再生を果たしたアメリカの学校でもKLASでも、規則主義や管理主義が横行して生徒が萎縮して暗い学校になることはありませんでした。そのようになってしまう危険はいつもあると考えた方がよいでしょうが、25年の実践から考えれば、以下のような条件がクリアされていれば、生徒と先生の信頼関係は保たれて快適な学校環境を確保することが可能です。

　①規則の適用は例外を作らず公正に行われる。
　②生徒がその規則と罰則の存在を前もって理解している。
　③多くの生徒がその規則の必要性を認めている。

　いろんな意味で元気な180人の高校生が外国にあるコミュニティで英語を使いながら勉強、生活しています。安全で快適な環境を保つためには一定のルールが必要であることは、生徒も保護者もよく理解しています。一部の者がルールを犯せば、多くが迷惑することも自明です。ですから、規則が守られるためには、ある程度のプレッシャーがかかることはやむを得ないことであることも、多くの生徒は前々から了解しています。問題になることがあるとすれば運用をめぐって、公平さや公正さに疑念が出てくることだけであり、その点に不信感がなければ通常は制度の運用はいたって円滑です。

2章　英語を学ぶ日々－人間的な成長

　生徒は基本的に自分の行ってしまった違反について、潔いものです。例えば、ある時こんなシーンに遭遇したことがありました。ある男子生徒に日本からご両親が来校されていました。金曜の放課後だったので、普通であればこれから久しぶりに親子で水入らずの時間を過ごそうとする場面でしたが、彼はこの夜、1時間のディテンションを受けていました。タイミングの悪さに私は少し気の毒にさえ感じていたのですが、彼は「自分のしたことだからしょうがないよ。1時間で済むから（ディテンションに）行ってくる。その後で一緒に夕食に行こう」とご両親に笑顔で話しました。それを聞いた親御さんは私に「以前はこういうことをきちんと言える子ではなかった」とおっしゃって、満足げでした。それはともかく、注目したいのは彼が、ご両親が来ている特別な夜だから特別扱いされてもよいはずだとは全く考えていない点です。それよりも決められた通りにディテンションを過ごすのが当然だとしています。おそらく、すっきりとした週末を過ごしたかったのでしょう。こういう潔さが見られるのは、規則にも処罰にも納得していて、自分の行いも認めているからです。

　3条件について見てみましょう。

　①規則の適用は例外を作らず公正に行われる。

　例外なく措置することに配慮していることは先述の通りです。例外を作ることはその場はよいとしても、後々の不信感につながるのでよくありません。例外を作らないことは核心中の核心です。しかし、「言うは易し行うは難し」でもあります。
　それでもやらなくてはならない理由の一つが、KLASの教師陣の多様さです。Facultyと呼ばれる31名の教職員のうち約半数弱は日本人ですが、残りはイギリス、カナダ、アメリカ、ニュージーランドなどの出身で、生徒指導に関する考え方も微妙に異なります。生徒にとっては第2言語の英語で指導されることも多いので、言葉による指導だけではうまく機能しない事情もあります。そこで、規則と罰則をきちんと定めて、フェアにそれを適用することになります。契約的な考え方を持つ彼らにはゼロトレランス方式は受け

入れやすいものでした。振り返ってみれば、この学校で、指導スタッフが一致できるやり方は唯一ゼロトレランス方式でした。そして、ゼロトレランス方式こそが世界の教育現場で一般的に行われているグローバルスタンダードなのです。英語で暮らすということは、日本では普通に思えたことがそのままでは通用しないということです。

　文化によって常識が異なることは異文化理解の問題として3章で論じますが、西洋人と作るこの共同体において「例外なく公正に」は常識です。

　②生徒がその規則と罰則の存在を前もって理解している。

　多くの生徒にとっては、小・中学校で言葉による指導やあいまいな部分で物事を決めるような日本的な生徒指導に慣れて過ごしてきたので、ゼロトレランス方式には戸惑うこともあります。そのために discipline の考え方や規則・罰則の詳細について、入学前から生徒や保護者に入念なガイダンスを行っています。加えて、規則を明記した HANDBOOK（生徒、保護者用）を和英両文で、Student Handbook（生徒手帳）を英文でまとめて配布します。その上で、保護者の方からは discipline の考え方（生徒指導の方針）について、了解していることを示した誓約書もご提出いただいています。

　これほど入念にしていても、十分な理解に至らなかったり、つい忘れてしまったりすることもあります。入学前には日本語で説明することもあるのですが、入学後は英語でやるようになるので無理もないかもしれません。しかし、先生たちの多くは彼らに英語を（で）教える先生たちですから、それも先回りして大事なことは繰り返し注意喚起しています。

　ここまでくれば十分過ぎると言えそうですが、念のためのとどめをさすこともあります。もう、これ以上は言わないのでよく聞いて下さいという意味で、You have been warned.（警告はなされた）と締めくくられれば、本当にこれで最後です。これより後に何かあっても先生は言い訳を聞いてはくれないでしょう。読者のみなさんは、これは脅しているようだと感じるでしょうか。私にはゼロトレランスは、時には厳しい結果を招くことをよく知っている先生の最後の諭しの言葉に聞こえます。

③多くの生徒がその規則の必要性を認めている。

　約180人の高校生が全寮制で生活するコミュニティを安全で快適に保つためには、ルールが必要であることは誰にでも了解できることです。必要のないルールまで定めることはありませんが、最低限必要なものはあります。意見が分かれるとすれば、どの程度までルールで定め、どの程度まで生徒自身の良識に任せられるかです。

　すでに述べたように、社会性や自立性を急速に伸ばしつつある生徒たちですから、学校としてはできる限り生徒の自治や個人の判断に任せるようにしてきました。それでも、学校の責任でルール化して遵守を求めなくてはならないものもいくつか出てくるので、上述のようにHANDBOOKなどに文章化してあります。

　生徒はそれらをどの程度納得しているかと言えば、個々の生徒には様々な意見があるでしょうが、総じて、よく理解されているのではないかと思います。

　そうは言っても、生徒の中から疑問が生まれることもあり、生徒会で話し合われたことが生徒部（学校の組織）を通して提出されることもあります。生徒部長の先生のところへ談判にやってくることだってあります。そのような場合、言葉を尽くして説明することもあるし、話し合いが契機になって生徒部などで再度議論したり、さらに該当のルールに修正が加えられることだってあります。ある時、細かなルールをたくさん作るより、大まかな行動規範を作っておいて自発的な行動や判断を促したいと、生徒会長の目黒真一君（12年生、2007年卒）の発案で、Social Code「交友の心構え」を策定することになりました。生徒部の先生たちと生徒会執行部の生徒との共同作業で作られたSocial Codeは、HANDBOOKやStudent Handbookに収録されて、生徒の行動の基準になっています。

　Disciplineの考え方で行われるゼロトレランス方式の生徒指導は例外を認めない厳しいものですが、ルールの存在や必要性をよく理解させる努力も怠らず続け、生徒自身が十分にルールの存在を納得する形で行うので、先生と生徒の信頼関係も保たれて、自由で明るく、のびのびとしたコミュニティを維持することができます。

7-3 生徒指導の実際

　KLAS の生徒指導は discipline の考え方が貫かれていることが分かりました。では、生徒指導の実際はどのように進んでいくのでしょうか。

　KLAS には生徒部（Department of Student Guidance）という部門があり、ここで生徒指導（discipline）と生活指導（guidance）を行います。生徒部の責任者、生徒部長は Dean of Students と呼ばれて、教務部長（Academic Dean）と並んで学校の中核を担います。全寮制の高校ですから、生活における寮の重みはとても大きく、生徒部は生徒部長の下に担当の教員（2 名）と寮父母が配置されています。このメンバーで、生徒指導と生活指導が進められます。

　生徒指導（discipline）は、先に見たように、ルール違反が起きてしまった場合に、適切な形でペナルティを出して、生徒に改善を求めるものです。起こしてしまった行為とそれに見合った結果（consequence）を結びつけることが最も大切で、校内では淡々と行われるのでした。それは過ぎてしまったことの後始末をすることで、同様なことの再発を防ごうとするものです。起きてしまったことは取り返しが効かないので、確実に適切に扱われることが大切です。

　その一方、事前に働きかけて、ルール違反や逸脱が起きないように予防策を講じることも大切で、生活指導（guidance）が行われます。

　少人数制の寮生学校である本校で行われる生活指導は、部屋の整理整頓や服装をチェックすることが含まれますが、生徒の様子をよく観察して声をかける活動も細かくなされるので、生活指導は規律に沿って指導するというよりも guidance の側面が強いと言えます。

　ルームチェックと呼ばれる各部屋の点検は週 1 回、生徒部のメンバーによって行われます。整理が行き届かない部屋や生徒には警告のためにクロスが与えられます。身の回りのことは細かく言えばキリがなく、言われる方もイヤになりますが、点検の基準を定めてサラリと警告を続けることで、生徒も少しずつ求められることを理解するようになり、行動が改まってきます。

　服装については、本校には基準服（制服の一つ）がありますが学校行事

のためのもので、日常の授業日には私服で過ごします。自由服装ですが、Dress Code（服装規定）が定めてあり、その範囲で着装します。基本は各生徒の判断に任せてあり、一斉の服装検査などはしませんが、行き過ぎの心配があれば気づいた先生が指摘し、場合によっては寮室に戻して着替えさせることもあります。

　部屋や服装に必要な注意を向けるのは当然ですが、生徒の心の状態にもよく目を配り、変化がないか見ておきます。日本の学校と同じように担任制が敷かれており、20名ほどの各セクション（組）には2名の教員（通常は日本人と外国人の教員のペア）が主に学習面を中心に相談に乗ったり、アドバイスを行ったりします。これに加えて、この学校にはファカルティ・ファミリー制度というものがあって、15名ほどの学年混合の生徒と parents（両親）として2名の男女の先生がついて一つの家族を作り、食事会や小旅行、誕生会などのレクレーション活動を行っています。この家族は週に一度は集まって行事を企画したり、その行事を行ったりしているので、定期的に生徒（家族内の子ども）の様子を把握するのにもちょうどよい具合です。

　そもそも、180名の生徒に30名ほどの教科を教える先生と寮父母の先生2名、常勤のスクールナース1名がついて、コミュニティを作って生活しているのですから、互いの距離感はとても近く、家族的な共同体を形作っています。ですから、一人一人の生徒の変化もよく把握されています。気になる生徒があれば、それは週に1回開かれる職員会議で報告されて、すぐに多角的に話し合い、対応が検討されます。

　そういう綿密なケアの行き届いた環境ですが、周囲の心配をよそに次第に生活状態が悪くなっていくこともあります。身体的なことであれば、スクールナースが常駐するヘルスセンターで対応しますが、そうではない悩みの原因は千差万別で、青年期特有の不安定な心情もあって、一筋縄ではいきません。それでも何かはっきりと自覚できる問題を訴えてくるケースは、聞く耳を持つ教員が多くいるので受け止めることができますが、問題となるのは、自分でもはっきりとしない（言いたくない）理由で、自分でもよく分からない行動となってしまうケースです。周りとうまくいかず、勉強にも身が入らず、どうなっても構わないという捨て鉢な気分に覆われて、やらなくてはな

らないことを放り出し、守らなくてはならないルールを無視してしまうことだってあります。

　そういう気分に陥ることは大人にだってあることですが、大よその場合はうまく気分転換して時間を置いているうちに再びいつもの自分が戻ってくるものです。しかし、青年期の心理は、戻ってくるのが難しいほど深いところへ行かせてしまうこともあるし、極端に短い周期で爆発的な反応を見せることもあります。そういう状態では、周りの大人がよく見て、事態に冷静に対処してやることが必要で、時に声をかけたり、あるいは静かに見守ったりすることもあります。生徒の変化によく気がつくのは定期的に同じ視点から見ている人で、それが本校ではホーム・ルームの担任、ファカルティ・ファミリーの両親、寮父母たちなのです。

　そういう人たちの中で、少し違う別の角度から生徒の異変を見ている人がいます。それが Dean of Students（生徒部長）の Southworth 先生です。彼が用いるツールはクロス・ブックと呼ばれる教職員共用のクロスの記録帳です。時間に遅れたり、宿題を忘れたりのほんの小さな違反に与えられるのがクロスでしたが、それを生徒個人別に、いつ、どんな理由で出されたかが記録されています。それが三つたまればディテンションになるので、そのための記録なのですが、注意して見てみれば生徒の変化が見て取れます。

　Southworth 先生は、クロス・ブックを見ながら個別に guidance の方策を考えます。受けるクロスの数は生徒によって大きな開きがあります。年間に数十のクロスを受ける生徒がいる一方で、3 年間に一度も受けないで卒業する生徒だって存在します。同じアプローチがこの両者に有効なはずもなく、対象に合った方策が必要です。この生徒にどう接したらよいかを考える時、クロス・ブックは参考となる情報を与えてくれます。

　例えば、同じ生徒でもクロスの数が時期によって増減することがあります。急に増えてくる時は要注意です。彼はそういう生徒を生徒部長室に呼びます。叱ったり、説諭したりするためだけではありません。彼によれば、生徒の話を聞くためです。

　クロスが増えている事実を示して、「何かあったのか？」「原因に心当たりはあるか？」などと質問を差し向けてみます。こういう事態になってしまう

のは自分でもコントロールが効かなくなっているからで、すぐに答えが返ってこないこともあると言います。しかし、それでもそういう場合は、「あなたの変化に私たちは気づいている」と知らせるだけでも十分で、生徒はそのことを嬉しく思っているはずだということです。

　無理強いをすることはないので、別の機会にまた呼んで話します。「どんな気分だ？」「困っていることはないか？」「何か悩みがあるのか？」　こういうアプローチが、先生は自分のことを見てくれているというメッセージになって生徒に届きます。それだけで生徒の気持ちを楽にさせて改善に向かうこともありますが、心が開けば自分から何かを語り始めることもあります。彼によれば、生徒ははじめから答えを知っているはずと言います。その答えを実行する準備ができ始める頃、やっと口にするだけだと。ですから、生徒が口にしたことから我々の仕事が始まることもあるが、「問題」について生徒が語れるようになれば、それで問題の半分は解決したようなものだと言います。

　「厳しい」discipline の一方で、家庭的なコミュニティの中において、このような大人の配慮によるケアが行き渡るのが本校の guidance です。Discipline と guidance がしっかりと連動することで安定した生徒指導が成立しています。
　この二つを束ねる Southworth 先生にも直接、その仕事について聞いてみました。

7-4 生徒部長、John Southworth 先生のインタビュー

——生徒部長になってから3年、生徒の状況は以前より落ち着いてきました。この理由はどこにあると思いますか？

　寮運営について生徒たちに任せ過ぎていた時がありました。上級生たちが責任感のあまり、自分たちで寮をコントロールしなくてはならないと思って行動するうちに不適切な行為も出てきていました。この時は、先生が寮に行くと生徒たちは邪魔に思うこともあったのではないでしょうか。つまり、学校と寮の間に距離ができてしまっていたのです。今では、この二つはよく連

携していると思います。
　生徒と先生との間の信頼関係はとても大切です。生徒が自分たちのことを自分たちで話し合って決めていくことに変わりはありませんが、生徒だけでミーティングをして生徒だけで物事を決めることはせず、必ず寮父母が関与することが大切です。生徒もそれはサポートのためであると理解しています。ミーティングがあれば、そこに寮父母や先生が立ち会ってアドバイスします。もし必要があれば、その時は介入することもあります。こうした相互に信頼する関係が築けているので寮運営がうまくいっているのだと思います。

——生徒部長の責任は discipline と呼ばれる「生徒指導」と guidance としての「生活指導」ですが、この二つをうまくやることは難しいですか？

　起きてしまったことに対処する discipline は、やはりネガティブなものであるのに対して、生活指導はポジティブなもので両極端ですから難しいですね。Discipline は決められた通りに進んでいきますし、過ぎたことは変えられません。それに対して、guidance は、いろんなやり方があると思いますが、前もって予防的に動くことと生徒の話をよく聞くことが大切です。
　例えば、少し前のことですが I 君の様子がおかしい時に、何度も彼を呼んで話をしました。すると彼のディテンションは減っていきました。話をすることで変化するきっかけが生まれます。気づきがなかったら変化は生まれません。生徒の状態が思わしくない時、深刻になる前に誰か大人が話をすることが大切です。その中で、「私はあなたの問題に気づいている。あなたはもっとうまくできるはずだ」ということを伝えます。心配のある生徒はすぐに呼んで話をします。「うまくいっているか。ルームメイトはどうか。家に帰りたいのか。この学校に来た理由をもう一度考えてみよう」そういう話から始めて、二度、三度と対話を繰り返すと変化が生まれてきます。
　生徒は問題を抱えているのに不謹慎かもしれませんが、私はこういう会話を楽しめています。生徒と時間を共有している実感がして、時間を無駄にしている気がしないのですね。言語はそんなに問題になりません。私は英語の先生だから生徒の英語を理解することには慣れているし、生徒しか知らない

事情にも詳しいのですよ。かつて生徒が行ったアンケートによると、私は最も理解してもらえる先生だそうです。必要があれば、日本語で話せばよいのです。私も少しは分かるし、日本人の先生がつくこともできます。

――生徒部長として大切にしていることは何ですか？

・制度は必要ならば改善すること
・すべての人を喜ばせることはできないということを受け入れること：厳しい決定や通知などをしなくてはならないことがあります。
・聴くこと：最も大切なことです。

　生徒が何度も同じことを繰り返す場合、自分でもどうしたらよいか悩んでいることが多いのですね。そんな時、座ってじっくり話して一緒に考えてあげると、先生が自分の問題に興味を示したくれたことを嬉しく感じ、関係も良好になり、本人としても自分自身の考えが整理されるようです。生徒が本当の気持ちを話せるようになれば、問題の半分は解決したようなものです。自分の感情や考えを言わせてみるのが大切です。家にいれば、クロスを与えるような人はいなく、親が自分の話を聞いてくれるのですが、寮制の学校ではこの点に注意が必要で、うまくバランスをとらなくてはなりません。時にはクロスを出すよりも、「どうしてそれがいけないことか分かるか」と聞いてやる方がいいのです。
　このことは他の先生たちにも期待したいが、クロスを与える直前に、ほんの少しの時間余裕を与えて話をするのがよいと思います。すると、生徒はなぜクロスが出たか理解できて、長い目で見て大きな利点が生まれます。
　指導上の必要のある生徒ばかりでなく、生徒会の生徒などと良好な関係を築いておくことも大切で、彼らともよく話をしています。彼らにとっても学校の中核教員と対話することは良い経験でしょう。

――この学校で生徒が成長できるのはなぜでしょう？

寮生活のおかげだと思います。

寮のモットー、Respect others によってそれを説明しましょう。この respect という言葉を理解するには時間がかかります。Respect は他者を尊敬したり尊重したりするだけではなく、他者の存在に気づくことでもあります。Respect を「尊重する」とだけ理解しているとこのモットーは理解できません。例えば、I respect my dog. という時の respect は決して尊重ではありませんよね。それは be aware of 〜なんです。感謝する気持ちを忘れて、してもらうのが当たり前だと思っていたら、他者存在に気づくことはできず、本当の respect はできません。Respect は対象の価値を認めることなのです。

散らかし放題の部屋にしておくことは Respect others にはならないことを経験的に知って、12 年生の頃になってはじめて respect の意味が分かるようになります。「自分が相手に何を言い、何をするか」の行動が伴っていないと Respect others ではないのです。Respect others というのは言葉の理解ではなく、他者との生活の中で実践することなのです。このことが分かるだけでも、ここの学費の半分の価値があるのではないでしょうか（笑）。他者と暮らすことを学ぶことは、英語の勉強よりもずっと価値のあることだと保護者も分かっているのではないでしょうか。

左が Southworth 先生

――本校で生徒が成長するというのはどういうことでしょうか？

Respect others にまつわる過程を経て生徒は成長して大人になります。次のようなことができるようになるのが、私の見ている彼らの成長です。

- 時間管理ができること
- 何かをする時、失敗を恐れないで試してみることができること
- 他者との紛争を解決する術を知っているということ
- 自立していて自分で判断して、行動できること

8. ボランティアの精神

　日本でボランティアという言葉がよく使われるようになったのは、阪神淡路大震災（1995年）の頃からでしょうか。今では自然災害などで一時的に多くの人手を必要とする際に、自発的に申し出る人たちの労力が復旧活動に一役買う様子は珍しくなくなりました。若い人たちも地域社会との関わり合いを通して貴重な体験ができることが注目され、今では学習指導要領（文科省）においてもインターンシップ（就業体験）やボランティアなどの体験的な学習を促しています。

　東日本大震災（2011年）の際、遠くスイスにいた本校の生徒たちも何かできることがあるはずだと自然発生するように、募金箱の設置、ビスケットを焼いてレザンの人たちに買ってもらうベークセール、隣のホテルスクールで行われたチャリティ・イベントへの出演などの活動が次々と立ち上がり、邦貨にして70万円ほどの募金が集まりました。震災直後の被災地に入っていた本校保護者の縁で、これを宮城県七ケ浜町の幼稚園の後片づけ費用に使ってもらいました。

　本項では、日本の社会でも馴染みのある言葉となったボランティアを通して、生徒が人間的に成長していく姿を見てみます。

　ボランティアという言葉は社会奉仕と言い表すことがありますが、ボランティア（volunteer）の本来の意味は「進んで何かを買って出る」行為や人をさすものです。「人や集団のために」という側面と「自ら進んで、自発的に」という側面の両方を持っています。ですから、授業の中にもよく使われて、例えば Who volunteers to show your view?（誰か進んで意見を言ってくれませんか？）というように、率先して行動する生徒を求める時に volunteer が使われます。

　このように、社会奉仕以外に、積極的な行動をとることも本来のボランティアの一面なのですが、本校におけるボランティアについては、まずはこの自発性、積極性の側面から始めて、その後に社会奉仕の側面へと説明を進めます。

8-1 Volunteer ＝自発的に何かをする

　本校にはたくさんの学校行事があります。スイスやヨーロッパの各都市を訪れる文化旅行やセプテンバートリップをはじめとする旅行行事、交換プログラムのために夏の1学期だけここで学ぶカナダ人高校生に日本文化を紹介するJapan Festival、日本の体育祭に相当するKumolympics（クモリンピック）、スイスの人たちに学校と日本文化を紹介するOpen Houseなどは学校をあげて行う行事で、生徒全員が参加します。

　これらの他に、世界の3000人以上の高校生と国際問題を討論するMUN（Model United Nations、模擬国連）、ヨーロッパ内で行われる若者たちの音楽祭、英語で行われるミュージカルなどのような行事は、生徒の全員ではなく希望の生徒が参加します。これらはoptional eventと呼ばれ、希望制です。

　Optional eventは、必ずしも華々しいものばかりではなく、小さな旅行や観劇、講演会などのように誰にでも気軽に参加できるものもあります。ですが、場合によっては人数の制限や適性の問題もあるので選考が必要な時もあります。そのような時の選考には、次の2通りがあります。

　簡単なものならsign up（サインアップ）方式です。募集の用紙が掲示板に張り出されるので、希望者が名前を書きます。基本的には早い者順で決まります。生徒はよくアンテナを張っておかなくてはなりません。

　じっくりと選考が必要なものなら、application（応募用紙）方式です。応募動機など選考の参考になる情報を書き込んだ応募用紙を提出します。応募用紙の情報以外にも、この生徒をよく知る先生からいろいろな角度の情報が集められ、その上で検討会にかけられ、多角的に吟味されます。ミュージカルの場合、オーディションさえ行われます。選考結果を発表する時は、生徒はもちろん先生の方だって緊張して、悲喜こもごもの複雑な感情が交錯します。落ち込む生徒の姿を見ると、こんな選考は止めにして全員参加が可能なイベントだけにしたいと思うこともしばしばですが、気を取り直します。こうして選ばれた生徒たちが先行した活躍を見せることで、それが他に良い波及をもたらして積極性を促したり裾野を広げたりする面もあるのです。

　選考の功罪よりも、私は様々なチャンスが提供されて、そのチャンスをつ

かみ取ろうと多くの生徒がチャレンジしている点により注目したいと思います。チャレンジのためにいろいろな努力が生まれます。英語力を上げておこうと授業に一層精を出す生徒、歌唱力を上げるために半年も前から練習を重ねる生徒、特技のギターをボランティア旅行に役立てようとする生徒など。選考というものは、そうした努力を水泡に帰させてしまうこともあります。しかし、うまくいった生徒もいかなかった生徒も、日頃の生活の中で自分にはない特技を持ち、個性の光る友人たちを間近に見てきており、その結果を素直に認め合っていきます。チャレンジをしない限り、チャンスは生まれてきません。それは何も学校行事についてだけ言えることではなくて、目には見えないけれども自分の周りに流れている不可知のチャンスについても言えることです。ですから、必要ならば、率先して自ら動き出せるようにしておくことはとても大切です。

その意味では、生徒たちはこの学校の生活の中でよくアンテナを張って、自発的に何かをする（volunteer）精神をよく発揮していると思います。

さて、ボランティアの説明を「自発性を意味するボランティア」から「社会奉仕を意味するボランティア」へと進める前に、この二つの中間にあると言ってよい事柄についても紹介しておきます。

本校は全寮制学校ですから、生活も共にするコミュニティです。したがって、校内で困っている人を助けたり、共同で作業したりすることは度々あります。例えば、カフェテリアでトレーを運ぶ最中に落としてしまったとしましょう。食器は割れ、盛りつけられた食べ物はあたりに散乱してしまいました。片づけは少々難儀で時間がかかりそうです。この時、あたかもあらかじめ決められていたプログラムが動き出したかのような光景を目にするでしょう。そばにいた何人かの生徒が用具庫からモップを取り出して掃除を始めたかと思うと、別の者が散乱したものを拾い、食器の破片を集めます。当の生徒が頼んだ訳でもなく、誰かが指示を出している訳でもないのに、さほどの言葉が交わされることもないうちに作業は進み、ほんの数分でこの共同作業が終わってしまいます。なんの変哲もない光景ですが、この連携プレーはたまたまそこに居合わせて何か手伝おうかと思った者が、周囲を見ながら自分にできることを考えて実行した結果です。

自分のできることと言えば、先頃こんなことがありました。雪が降ると中庭や外階段の雪かきをしなくてはなりません。中央玄関の周囲はすぐに終えますが、裏階段（緊急時に使われる）の雪かきが十分ではありません。そこで、Southworth 先生が Student Assembly（生徒集会）でボランティアを求めました。

　（今年は雪が少なかったけど）やっと雪が降りました。でも、ちょっと多すぎるようです。あなたたちには嬉しいことですが、雪かきは（校務員の）ボラ、ズラットコさんには大変な予定外の仕事です。彼らの雪かきを手伝ってやって欲しいのですが、誰かいませんか。時間があって、手伝える人は集会が終わったら、私のオフィスに集まってください。

　果たして 5 人の男子生徒が集まってくれて、Southworth 先生と一緒に 20 分ぐらいで雪かきを終わらせてくれました。
　これら二つのエピソードは、本当に些細なことなのですが、これがボランティアの原型ではないでしょうか。周りの人のことを考えてみる、自分にできることを考えてみる、そして自ら率先して買って出る、そんな行為が自然にできることは彼らの成長の証です。

8-2 ボランティアトリップ

　困っている人のところへ出向いて、その人たちの助けになるための活動をする、そんな旅行をボランティアトリップと言います。ボランティア活動の盛んな欧米の先進国では青少年が参加することの意義がよく認識されていて、受け入れ組織も充実しています。そういう旅行を企画、催行する旅行会社もあります。
　本校でも、ボランティアトリップの教育効果に注目して、早くからボランティア旅行を実施しています。生徒の中には入学時からこの旅行を楽しみにしている者もあり、今ではなくてはならないものになっています。その歴史から見てみましょう。

最初のトリップは94年のボスニアへの支援でした。ボスニア・ヘルツェゴビナ紛争は終結に向かいつつありましたが、住民の生活は不安定なままで、特に病院や学校などの民生施設は何らかの援助が必要でした。この状況を知ったJonson先生が救援物資をスイスから運ぶことを思い立ち、実行に移します。廃車寸前のバンを調達し、学校の寮で廃棄となった衣類、生活用具を積み込んで向かうことになりました。その時いくつか空席を作ることができ、そこに同乗する生徒が希望者の中から選ばれました。バンはアルプスを越え、イタリア、クロアチアを経て今のボスニア・ヘルツェゴビナに入りました。現地ではホームステイをしながら孤児院と病院の慰問に訪れました。参加した生徒は笑わない子どもや戦闘の激しさを物語る壁の弾痕に衝撃を受けました。グループの帰路は、イスタンブールを経由する空路でした。そうすることで乗っていったバンを救援物資の一つとして現地に残すことができたのでした。この最初のトリップは紛争の荒々しさをそのまま見せつけるもので、生徒に衝撃的な体験となりました。このトリップは1回限りのものでした。

その後、紛争が終結して住民の生活支援の段階になると、ボスニア地域への国際的な援助も盛んに行われるようになります。レザンでもキリスト教の宗教活動をしているFilo氏が中心になって支援活動を行っていました。1999年に、本校生徒と教員も、Filo氏の手引きでこの活動に参加して現地入りするようになります。こうしてボスニアのための活動が復活し毎年行われるようになります。校内でボスニアトリップと呼ばれたこの活動は、校内での募金活動から始まります。おやつを作って売ったり、地域の家庭で掃除や家事などのサービスを売ったりしてお金を作ります。そうして得た資金で救援物資を揃えて、現地に向かうのです。現地はまだまだ大変な状況でした。

2003年に参加した生徒の赤司紘子さん（11年生、2004年卒）の手記を読んでみます。

　　私たちは主に食料や衣類を分配し、その後、displaced people(難民)の人たちを訪れ配給をしたり、子供と遊んだりしました。一番印象に残っていることは、あるおじさんの目のオーラです。私は、笑うなどの喜びの気

持ちを全く持たない人に生まれて初めて出会いました。彼のオーラを一言で言えば「失望」です。言葉はもちろん理解できません。しかし、彼は私に怒りや苦しみ、憎しみを伝えていることは感じました。過去も今もすべてが憎しみに縛られていました。いえ、どうでもよくも感じました。悲しくて寂しくて仕方なかったからです。それほど人の醜さを感じ、その時が過ぎた今でも少しの喜ぶ感情すら奪ってしまった争いは、私にとって想像を超えたことなのだと思います。彼が今生きていることが、憎しみのためでなく家族の愛情であることを願い、再び彼が喜びを感じて笑えることができたなら。

人助けというポジティブな体験だったでしょうが、過酷な現状にも直面したようでした。

ボスニアトリップは 2006 年まで続きましたが、その一方でこれとは別のグループが 1999 年から 2005 年まで、NGO Habitat for Humanity との連携で、社会的な事情のために標準以下の住居しか持てない地域・人たちに入手可能な標準レベルの家を供給するという活動に協力しました。この間、生徒たちはハンガリー、ルーマニア、ポルトガルなどの国々で、現地の人たちの手伝いを行いました。

こうしたトリップ活動は現在に至るまで形を変えながらも続いています。ボスニアトリップの流れは、復興が進んだボスニアでは援助の必要性が薄れてきたこともあり、ネパールやインドの山岳地域で木炭ストーブと太陽光パネルによる屋内電灯の設置活動に移り、今ではネパール・カトマンズ地域にある孤児院の運営を援助する活動に続いています（ネパールトリップ）。Habitat for Humanity の活動は 2005 年を最後にその後は休止し、2007 年からイタリアの NGO・CELIM の協力でザンビアの孤児院の運営を援助しています（ザンビアトリップ）。今現在では、このネパール／ザンビアのトリップを隔年ごとに実施しています。

ネパールトリップは、2006 年までのボスニアトリップでお世話になってきた Filo 氏らが設立した NGO・BTW(Beyond Tears Worldwide) が現地での活動をバックアップしてくれています。一例として最近の場合、ポカラ、チ

トワン、カトマンズのストリートチルドレンや孤児院などの支援活動を行いました。社会システムの遅れと貧困から、この国では孤児が多く、ストリートチルドレンも多いそうです。これをなんとかしようと、民間ベースで孤児院を運営する人たちがいます。国内外の支援をあてにしているのですが、KLASチームが少しでもお役に立とうということになりました。現地との連絡、計画、実施にはComfort先生が尽力しています。

ザンビアトリップは2007年から実施していますが、ザンビアのリビングストン近郊にある孤児院の活動を支援しています。この国では、治安面では他のアフリカ諸国に比べれば安定していますが、困難な経済情況に加えて、HIVなどの深刻な感染症の影響で孤児の生じる割合も大きいそうです。Samson先生が最初の段階から、現地NGOと連絡しながら実施してきました。

黒田紫陽子さん（12年生、2010年卒）の手記を見てみましょう。

　私たちはアフリカの南にある、ザンビアのリビングストンという街に人道的支援をするために訪れた。主な目的はプリスクールの建設と、人々に希望を与える活動をすることだ。前者に関しては、私たちが直接できる仕事ではないので、約4か月かけて調達した資金、約4000ドル、日本円にして約40万円を寄付した。後者に関しては、私たちは現地の学生と文化交流をしたり、子どもたちと触れ合ったり、また壁画を描いたり植樹などの活動を行った。

　ザンビアは困難な経済社会の中にある。しかし、私は今回のザンビアトリップを経て、ザンビアをはじめとするアフリカへの見方が180度良い方向に変わった。特に、アフリカを身近なものとして感じられるようになったのは一番の収穫だと感じている。現地で出会った人々の真っすぐ生きようとする精神やまぶしい笑顔は私たち日本人と全く同じであり、そこには地球に住む人間としてはなんの相違も感じられなかった。食べ物が十分に食べられない、苦しい病気にかかっている、家族がいないなど、悲しい事実を抱えていながらも幸せを求めて生きている彼らに、私は感銘を受けた。そして、この経験を将来に活かし、何か私が地球にできることを探し

たいと思った。

　このように、厳しい社会背景の中で生活様式や価値観の全く異なるところで共同生活をし、何かの役に立つ仕事をするのですから、安全で豊かな日本から来た高校生にはとても良い経験になります。
　まずは準備段階からして、様子が違います。支援のための活動をするのに親から送ってもらったお金をあてにしては意味がありません。必要な資金は自らの労働で稼ぎます。知恵を絞って、労働をお金に換える方法を考えて実行します。おにぎりや日本食を作って他の生徒に買ってもらったり、抹茶アイスやビスケットを作ったりしました。焼いたケーキをレザンの町中で売ったりもします。レザン市民に掃除などの家事サービスを利用してもらったこともあります。ユニークだったのはアイロン掛けサービスです。Ｙシャツは驚くほどきれいな仕上がりで、１枚＝２スイスフランは安いかもしれません。
　これは日本でするアルバイトとは全く違った体験です。１スイスフランたりとも自分のポケットには入らないのです。しかも、学校の忙しい勉強や活動の合間を縫ってやるのですからなおさらです。
　こうして得たお金で文房具や生活用品、遊具などを購入して現地へ向かいます。現地では付設する学校の授業を手伝ったり、食事を一緒に作って食べたり、歌やダンスを楽しんだりします。
　たわいもない遊びや交流の中で、生徒たちにはいろんな気づきが生まれます。粗末な建物に黒板のない教室。教室が足りないので授業は２、３交代制。教科書はない。ノートはあってもぼろぼろの材質。
　そんな状況でもきらきらとした彼らの目。ノートや鉛筆をはじめて自分のものにできた嬉しそうな顔。無邪気な表情は、なぜか自分たちよりも幸せそうに見えることも。
　圧倒的な格差は、社会の違いを考えさせます。毎日起きる停電。脆弱な経済の中、誰でもできる仕事はと言えば、石を割って道路石材を作ること。一日中石鎚を振って、２ドル。街で会った少年は、路上生活者だという。孤児院の彼らと違うのはなぜか、疑問が解けません。
　はじめて見る光景に慣れた頃、その視線はそのまま自分自身にも向けられま

す。この違いは何か？　自分が来た世界は何だったの？　自分に何ができる？
　毎年、ボランティアトリップが終わった頃、顔つきを変えた生徒をたくさん見るのは、こうした気づきが彼らの内面に劇的な変化をもたらしたからなのでしょう。ある意味では世界観を変えるような体験になることもあります。ここには何ごとにも代え難い教育的な意味があります。
　しかし、KLASがこういうトリップを長年続けてこられたのは、支援者の協力や引率の先生の情熱があればこそであり、幸いなことであったと言わなければなりません。それだけに毎年必ずできるとは限らず、社会情勢がそれを許さないことだってあるでしょう。しかし、生徒たちの目を見開かせるこのボランティアトリップは可能な限りは続けていきたいと考えています。

　学校の中ではボランティアの精神がよく発揮されています。このことは、このコミュニティで生徒・先生が英語で暮らしていることとは無縁ではありません。手の空いている人が困っている人に手を貸す。この当たり前のことが校内で当たり前になるには、西洋の文化やキリスト教的な価値観が確実に働いていると言えます。ボランティア精神のこのような発揮は、英語で暮らす共同体だからこそ容易になったと言わなくてはなりません。

3章
学んだ英語を使って－国際的な感覚を養う

　現代社会において国境の壁はどんどん低くなり、グローバル化が言われるようになりました。特に経済の世界では、人や資金がいとも簡単に国境を飛び越えて動き回るようになると、まさにボーダーレス社会と呼ばれるような状況が出現してきました。

　多国籍企業は世界中に網の目のように張りめぐったネットワークを利用して活動しています。日本の大企業もこうした企業との競争をよぎなくされ、そこで働く従業員も、原材料の調達や外国での生産活動、販売活動のために外国企業と取引するなど、海外出張や赴任をすることは珍しいことではなくなりました。中小企業でも、生産適地や販路を求めて海外取引や海外進出することが特別なことではなくなりました。

　このようなグローバル社会は、日本の社会にも国際教育の必要性を突きつけています。その必要は、1980年代の後半に多くの大企業が海外進出を開始した頃から声高に叫ばれていました。「世界に通用する日本人、国際的に活躍できる日本人」、そんな標語がよく聞かれたものでした。1990年に創立された本校も、そうした時代背景と無関係ではありません。本校には国際教育、英語教育、人間的な成長という三つの大きな柱があります。その第1の国際教育は、「ヨーロッパ・スイスに位置する立地と多文化を特長とする本校の環境を生かし、異文化に直接触れる体験や交流を通して国際感覚を育む」ことを目標にしています。この「国際感覚を育む」ことについて、学校の取り組みを紹介します。

1. 国際人になるために

1-1 国際人になるための素養

　KLASは日本の若者が国際人になるための学校です。しかし、日本国籍を有しない生徒もおり、そういう生徒でも日本語を母語として日本の文化や社会を身近に感じているものばかりです。ですから、「日本の若者」とは「日本の文化背景を持つ若者」のことです。その意味で、以下で「日本人」という場合、そこには本校が対象とする「日本の文化背景を持つ若者」を含めて意味しています。

　さて、日本の若者が国際人になるための素養とは何でしょうか。この問いが成立するのは、もともと何かが欠けているという前提があるからです。日本人が国際的な場面で活躍できるようになるためには何かを身につける必要があり、その何かについて、まずは考えてみたいと思います。

　比較的同質な文化と言語を持つ日本人は、歴史的に外国から入ってくる新しい宗教、学問、芸術に憧憬と時には畏怖をもって臨み、積極的に取り入れたり、受け流したり、場合によっては退けたりしてきました。

　歴史的に外国の文化の影響を受ける機会はたくさんありましたが、自分たちの持つ価値観とは違うものに触れた時、何かぎこちない態度をとることが多いのが日本人ではないでしょうか。長い鎖国時代を終えて、文明開化の時代となると、猛烈な勢いで西洋の文化を取り入れました。それは日本の近代化のために必要な過程であったのですが、現代から明治や大正の時代を振り返れば、この時に失った日本固有の文化や価値観は計りしれないものがあると言わなくてはなりません。西洋文化を取り入れて近代化を進め、懸命な努力の末、日露戦争に勝利した日本は列強に伍していくために、今度はアジアの周辺国との軋轢を深めていくことになりました。アジアの盟主を任じながらも、その実はその国々の人々の生活や文化を踏みにじる結果となりました。

　日本固有の文化を誇りにしながら、外国の文化や価値観を寛容な姿勢で認めて、友好な関係を維持することは実に難しいことです。それは歴史が教えるところですが、われわれ日本人一人一人にとっても、外国の人とどうつき合ったらよいかは、このような国際的な時代になっても簡単なことではありません。海外に出れば、どことなく堅くなるものですし、日本にやってくる

外国人をまだお客さんとして扱うばかりで、パートナーや友人としてつき合うには、まごまごして時間がかかることが多いのではないでしょうか。

日本人はもともとは寛容で融和な国民性を持っているので、そうしたぎこちなさを乗り越えれば、外交レベルだけでなく、ビジネスや日常生活の上でも、もっとうまく外国の人とつき合っていけるのですが、国際化が声高に言われる現代でも、やはり苦手意識はまだまだ残っているように私には思われます。

では、どこへ出ても無理せず、ナチュラルで、必要なら堂々としていられる日本人になるにはどうしたらよいでしょうか。

そのためには、英語などの国際的な語学の能力が必要なのは当然として、その他に、自国の文化と言語に対する深い教養と異文化を理解しようとする態度が不可欠だと考えています。別の言い方をすれば、しっかりとした国語力の上に「使える英語」を重ねなくてはならないし、自国文化と異文化の理解をバランスよく進めなくてはなりません。

1-2 バイリンガル教育という選択

1章では KLAS の英語教育の方法について詳細に見ましたが、本章では言語を習得する側面から離れて、日本人が国際人になるための素養を身につけるという観点から英語や国語について考えてみます。

言語である英語は単なる机の上の教科ではなく、生きている言葉なのですから、英語を使う社会に飛び込んで、生活の中で学ぶのが本当は効果的なはずです。ですから、若いうちに外国の学校へ留学したり、ホームステイをして、どっぷりと外国の言葉や文化に浸かってしまうのが一つの方法です。そういうやり方で、立派に国際的な日本人として成功した例はたくさんあります。

苦もなく英語が口をついて出てくる留学経験者や帰国子女を見ると、つい「凄いなあ」と思ってしまいます。彼らは日本では得がたい環境や経験を得て、そんな姿を見せてくれています。しかし、そのような彼らでもそれまでの過程には苦労も多く、うまくいかない時期には「このままでは自分はどうなってしまうのだろうか」と焦燥することもあったはずです。

3章　学んだ英語を使って－国際的な感覚を養う

　異国に一人で乗り込んで、言語を習得することは並大抵の努力ではないし、言語習得のレベルやスピードには個人差があって、努力さえすれば報われることが保証されている訳ではありません。外国暮らしが長くなれば、その言語は次第に上達しますが、今度は使っていない母語である日本語が怪しくなることだってあります。英語（外国語）はよくできるのに日本語（国語）が十分に使いこなせないという例も実は少なくありません。本校のように中学や高校の間だけを留学するようなケースでも起きる問題です。私は、そういう留学をしている日本人の中に、しゃべる日本語には何も問題ないのに、手紙のような文章を書こうとすると途端に、心もとない書き方になってしまう生徒を見たことがあります。それは極端なケースかもしれませんが、国語の発達の大切さという意味では見逃せない実例です。

　では、高校留学では国語能力の発達をどのように考えればよいでしょうか。日本の国語教育は、高校を含めれば12年間をかけて行われるのが標準ですが、義務教育では9年をかけて基礎的なことが行われます。中学校を卒業した段階なら、しゃべる日本語はしっかりしているし、作文だって大人と変わらない能力を発揮する者もたくさんいます。これなら、いったん国語教育を卒業して、英語しか使わないインターナショナルスクールや現地校に入学して英語だけの世界にどっぷりと浸かっても大丈夫でしょう。そういう留学のパターンをとるケースもたくさんあり、立派に3年間で英語をマスターする生徒も数多くいるので、それはそれで一つの道であると言えます。

　しかし、この場合、ほとんどの日本の若者が経験している高校教育を経験していないのですから、そこには注意も必要です。では、このパターンで本来なら受けていたであろう教育内容で、受けなくなるものは何かを考えてみましょう。数学や理科などの自然科学の教科内容はどの国でどの言語でやろうと内容に大きな違いがある訳ではなく、基本的には欠けることにはなりません。歴史や公民分野の社会でも、視点の違いはあるものの、基本的に扱う内容に大きな違いがある訳ではありません。一方で、大きな違いは国語や日本史の勉強をするかどうかです。

　ご存知のとおり、大学では国語はやりません。高校が最後です。そこで何をやっているかと問われると、多くの人はきっと「いろんな作品を読んで内

容をこねくり回したが、あれは何だったろう」と漠然とした思いになるでしょうか。高等学校・学習指導要領には、高校国語の目標は「国語を適切に表現し適確に理解する能力を育成し、伝え合う力を高める」ことにあるとされています。こういうことが一人前の社会人になるために必要であるという点は理解できるとして、問題は、海外高校に留学して高校国語をスキップした後に、日本の大学や社会に戻ってきたら困るかどうかということです。結論から言えば、しっかりとした問題意識さえ持ち続けていれば、そういうギャップは後からでも埋め合わせることはできるので、さほど困らないでしょう。

　しかし、本校の教育目標に照らせば、問題ないとは言えず、高校の国語教育は欠くべからざるものだと言わなくてはなりません。本校の教育目標は日本の若者に国際教育を施して、国際人としての素養を身につけさせることにあります。英語がマスターできれば事足れりとはしていません。国際人としての素養を持ち合わせた日本人として、成長して欲しいのが本校の願いです。そのためには、確実な国語力の完成と世界共通言語である英語力の獲得の両立が必要です。

　ですから、本校のカリキュラムはすべての生徒が最終学年の12年生まで毎年国語を学習することを求めています。中学3年の段階で国語力の伸長は十分なレベルに達しているとは言えません。それまでに培った基礎力の上にさらに積み上げるべきものがあります。それは何か。高校で行われる国語教育について考えてみましょう。

　高校の国語では「適切に表現する」ことがより強調されます。コミュニケーションが重視されて、「理解する」ばかりではなく、「表現する」ことにも焦点が当てられます。情報化社会への変化を受けて、相手に分かりやすく説明したり、上手にコミュニケーションをとることが求められるようになってきているので、表現することは大切な能力です。しかし、表現することは持っている知識や技術を総動員しなくてはならず、高度な思考力も求められます。

　私の感覚では、本格的に表現の練習をするには、中学の段階よりはより統合的な学習が可能な高校の方が、大学の段階よりも思考がより柔軟な高校の方がうまくいくように思います。

3章　学んだ英語を使って－国際的な感覚を養う

　国際教育の目標からすれば、国語学習の内容により深い古典の学習が含まれることにも注目しなくてはなりません。古典学習は我が国の伝統と文化に対する理解をより深めることにつながりますが、中学までのほんの導入的な古典学習をさらに進めて、高校では生涯にわたって古典に親しめるスキルを育てます。国際的な感覚を養うためには、こうした古典に対する知識やスキル、古典に親しむ態度はとても大切なものです。将来、国境をまたぐように動き回り、時には外国の人に対して日本を体現するような存在となる若者にはぜひ、一通りの学習を積ませたいものです。

　ヨーロッパでも、人文系の大学に進もうとする者は中学・高校段階でラテン語を勉強することがあります。ラテン語は現代では話し言葉としては使われていない言語ですが、文化的なルーツに触れるためには必要な教養だという訳です。日本の高校生が古典や漢文を学ぶことと全く同じことです。

　日本の若者の国際教育のためには、英語教育が必要です。しかし、英語のマスターのためにはまっしぐらに英語に向かっていき、いったんは日本語から離れてしまう必要はありません。むしろ、日本人の国際化をテーマに考えれば、しっかりとした国語力が必要であり、確固とした国語教育は不可欠だと言わなくてはなりません。あえて言えば、本校のような日本人のための国際教育をめざす高校にとって、国語教育は国際教育の一部であって、国語教育抜きの国際教育はあり得ないのです。

　そうした考え方をはっきりさせるためには、本校の言語教育を英語教育と呼ぶのは適切ではなく、バイリンガル教育と呼ぶようにしています。英語と国語の両方をしっかりと勉強する学校であるという意味です。入学者が前提として持っているのは、英語は中学の3年間の文法と読解を中心とした知識やスキルであり、国語は9年間、小中学校で重ねてきた国語力です。それらを基礎にして、英語は1章で見たコミュニカティブな英語教育によって、英語圏の大学に進学しても困らない程度の英語力に引き上げていき、その一方、国語は表現や理解の能力を引き続き伸ばしながら、内的な第1言語の訓練を通して充実した思考力を身につけさせようとします。

1-3 バイリンガル教育における国語と英語の関係

　このバイリンガルのしくみは二つの言語が同等に並立しているのではありません。国語は第1の言語であり、英語は第2です。学習者の中で何が起きているかを考えてみましょう。第1言語はコミュニケーションのためだけに活動するのではなく、誰に向かうということもなく頭の中で自分のために常に働いています。自分でもすぐには自覚できない感情に形と名前を与えてくれるのもこの第1の言語だし、漠然とした想念に秩序を与えて思考プロセスに導くのも第1言語です。感情や思考の道具として第1言語はいつもそこにあるのです。では、本校のように英語で英語を学習する時、思考の道具としての日本語は何をしているのでしょう。そうです、英語を学習しているとき表面的には外に表れませんが、日本語は英語の学習を形作る道具として学習者の頭の中で働いているのです。

　戦後の英語学習の理論は、いろんな経緯の中でコミュニケーションを重視する英語指導の方法にたどり着きました。コミュニケーションを可能にする英語力を身につけるためには、意味の伝達の練習をしなくてはならないのだから、タスクを増やして英語を使用する場面を増やそうという考え方でした。本校の英語教室でもそうですが、そのために教室では英語だけを使うことがルールになります。まどろこしい気持ちを抑えて、英語でやり取りをする中で、伝えたり、理解したりする能力が向上していきます。

　しかし、学習者の頭の中では使わないはずの日本語が動き回っている可能性があります。学習者の頭の中まではコントロールできないのですが、コミュニケーション重視の英語の考え方からすれば、これをどう考えればよいでしょうか。

　研究者の間ではいろんな議論がありましたが、現在は、このような第1言語の働きを積極的に認める考えが趨勢を占めるようになりました。学習者はこれを道具として使っているのだし、何より、表現したり理解したりする内面的な作業を第1言語によって確認することで学習者が安心をするなら、そしてタスクそのものが英語でインプット／アウトプットされている限り、

学習者が第1言語を内的に活用することを認めるべきだということです。
　このように考えて、第2言語の指導法の世界では第1言語の役割を積極的に認めて、利用しようとする動きが盛んになっています。この見方は本校のバイリンガル教育における英語学習の効率を予見してくれます。
　英語しか使わない環境（学校）で勉強する場合と、本校のように英語も国語も使う環境（学校）で勉強する場合と、どちらが英語を獲得するのに効率がよいでしょうか。常識的に考えれば、英語習得のためには英語しか使わない学校で勉強した方が効率がよいように思えますが、事態はそんなに単純ではなく、第1言語である日本語をシャットアウトした環境では、上述したような第2言語の学習の裏で働いている第1言語の機能を弱めてしまう可能性があります。
　日本語をシャットアウトするのは、本当に英語学習をするための理想的な環境でしょうか。ここに興味深い資料があります。本校の創立期（1990～97年）には生徒の一部は日本語をシャットアウトした環境で勉強していました。その時のデータが貴重な比較を提供してくれます。
　当時、第1期から第5期の生徒は入学後、全員共通の「10年生プログラム」を学習した後、11年次以降は英語学習を促進するための英語集中コースを選ぶことができました。このコースの生徒は隣接する提携のアメリカンスクールで勉強しました。第6期以降の生徒にも英語集中コースは提供され続けましたが、彼らはアメリカンスクールではなく、本校が独自に作成したカリキュラムで勉強しました。
　これら二つのグループの英語学習の成果をTOEFL（PBT）の平均スコアで比較してみます。

- 比較するグループ
  グループA：　第1期生から第5期生の英語集中コース
  　・2年プログラムで、すべての授業をアメリカンスクールで受ける。
  　・全教科・科目の授業を英語で受ける。
  グループB：　第6期生から第10期生の英語集中コース
  　・2年プログラムで、すべての授業をKLASで受ける。

- 英語の授業をはじめ多くの授業を英語で受ける。
- 国語、日本史の授業は日本語で受ける。

学年／グループ（人数）	グループA（92）	グループB（72）
11学年	464	497
12学年	516	541

■ TOEFLスコアの比較

　グループAは、日本語を用いる授業は一切ありません。アメリカンスクールですから日本語を話す生徒も少なく、個人で留学したり、家族の海外赴任に伴って現地校に入学したりした時の状況と同様です。グループBは、英語に触れている時間はかなり多いものの、日本語を完全にシャットアウトしている訳ではありません。グループA・Bの授業時間数はほぼ同じです。

　英語に触れる総量や環境からしてグループAの方が良い結果を期待できそうですが、比較の結果はそうではありません。

　この結果をどう考えるかですが、グループA・Bの指導にあたった先生たちは全く異なるので、その辺りに原因を求めることは可能です。しかし、両グループともに英語ネイティブの外国人教師によってコミュニカティブな方法で、同じ程度の授業数で指導が行われたので、教師陣だけにスコアの違いの原因を求めるのは難しいと思われます。大きな違いは学習環境です。違うのは、グループAは英語しか使わない学校であり、グループBは日本語を用いる授業も大切にしている点です。つまり、英語しか使わない学校で学ぶことの英語習得上の優位さは見られないと言えます。それどころか、グループA・Bの得点差から、日本語の働きを重視した環境の方が英語学習がうまくいっている可能性があるのです。

　この結果は、本校の指導スタッフに大きな自信を与えました。本校の学習環境は劣ったものではなく、バイリンガル教育には英語学習の効率の上でも利点があるのです。

1-4 異文化を理解する

日本の若者に国際的な素養を持たすために必要なもう一つは、異文化を理解する態度を身につけさせることです。異なる価値観の存在を認め、自分とは全く違う考え方をする人たちともうまくつき合えるようになることです。

　違う文化に対する理解を進めるにはどうすればよいでしょうか。異文化理解（Cross-Cultural Understanding）の分野では様々に研究がなされてきました。しかし、机の上だけで異文化や異なる価値観を受け止めることは不可能です。異文化が意識されるのは、「それは何で？」とか、「なぜそうなるの？」というような疑問が起き、自分のこれまでの考え方、感じ方からすれば違和感というべきものを持った時です。問題なく認識できるのは、違和感を持たない程度にしか異なる価値観を意識していない時なのです。逆に言えば、異なる価値観をはっきりと認識するのは、違和感を持ち、共感できない時なのです。

　異文化理解は「何かが違う」という生の感覚が異文化を意識した時に始まります。その生の感覚は「へえ、そうなのか」という驚きや発見などと同時に、ポジティブな心の動きを伴うこともありますが、反対に怒りや反感などのネガティブな感情をもたらすこともあります。ですから、本当の異文化の理解は、その場面にいる当事者の感情の動きをもってはじめて成立するのであって、座学だけで進めることはできません。

　例えば、キリスト教を他文化として理解するということはどういうことなのかを考えてみましょう。成立した時代背景やその宗教的特徴を学ぶ対象として知ることはできます。日本の高校では高校1年生の現代社会という科目で扱います。そこでは「キリスト教は愛の宗教である」というように勉強するので、この宗教は隣人愛とか人類愛にみちた「優しい」宗教だという風に理解します。それはそれで決して間違ってはいないのですが、西洋の社会で暮らしてみれば、もう少し違った見え方も出てきます。様々な生活場面で、彼らが私たち日本人とは違う振る舞いをすることに気づくことがあります。私たちがイメージする「優しい」というよりも、「厳しい」のです。

　本校での学校生活の中で言えば、約束が守られなかった時には（例えば、宿題をやらなかった）、西洋人の先生と日本人の先生が異なる反応をする可能性があります。この違いは、約束や契約というものに対する考え方の違い

から出てくるものです。この契約的な考え方を見過ごしたまま日本にいる時と同じように行動していると、相手はこちらの期待通りには振る舞ってくれないので、「あれっ、どうしたんだろう」「どうして分かってくれないかな」ということになってしまいます。

　愛の宗教というのは、「優しい」ということではなく、ユダヤ教の戒律主義に対して人と人の間に生まれる営みを重視しているのであり、一つの神しか認めないことは依然として一つの正義しか認めず、神との約束・契約の重要さを物語っているのです。そこから生じてくる「厳しさ」は、おそらく実生活を通してでしか分からないものです。このように、契約的なものの考え方にしても、正義に対する姿勢にしても、知識レベルの学習だけでは、なかなか本質的な理解にたどり着くことはできません。自分の理解を超えた、相手の反応や行動に対して、自分の中に生じた「それは何？」「どうしてそうなるの？」という問いが異文化の存在を突き詰めた時に、本質的な理解が可能になるのです。

　本校は日本人学校ですが、西洋人の先生たちと共に欧米流の考えも取り入れたシステムの中で共同体を作っています。また、スイスの地の利を生かして、多くの学校旅行や他校との交流を行います。そうした環境のもとには異文化の気づきのチャンスが数多く存在しており、生きた異文化理解が進んでいきます。

1-5 自己の文化を理解する

　異文化理解に関して、もう一つ大切な側面について述べておきます。それは自己の文化を自覚するということです。

　異なる文化を理解するということは、地球上の千差万別の文化や価値観を図書館や百科事典のように分類して並べて、こと足れりとできるものではありません。すべての文化や価値観を相対化して客観的な対象として整理しても、その知識はこれから広い世界に飛び出そうとする若い彼らにはそれほど役に立ちません。彼らの社会や文化の見え方は、日本のそれに大きく影響さ

れており、それによるフィルターを通して善悪や美醜を感じ取っているに過ぎません。さらに、フィルターは相手が自分を見る時にも働きます。相手からは「この人は日本人だ」という前提に立って見られるはずです。それによってよりよく理解されることもあるでしょうし、それゆえに誤解を受けることもあるでしょう。つまり、外国の社会や文化に触れる時、私たちは日本人として日本の価値観や美意識から見ているのだし、外国人の友人たちは私たちを東洋人や日本人として見ているのです。

　日本人の視点に強い影響を持つ日本の歴史や文化を知ることなしに、異文化を正しく理解することはできません。日本の風土にしっかりと根を張って、そこに立脚して外を眺めることが非常に大切です。

　つまり、日本の社会や文化についてよく知っておくことが大切で、これから外の世界に向かおうとする日本の若者には、日本の文化についての最低限の教養が必要です。先に英語習得のためには国語が大切だと述べましたが、同じように異文化理解のためには、日本の文化をよく知ることが大切なのです。そのために、高校段階では古典教養を含めた豊かな国文学と日本史の理解が欠かせません。

　1章「KLASの英語」で紹介したEnglish Literatureを思い出して下さい。英文学でした。これは必須科目であり、すべての生徒が学びます。扱うのは現代文学から中世のものまでで、シェークスピアも、現代英語に直したものですが、勉強します。一方で、国語では古典・漢文を、一人で作品を鑑賞できるレベルをめざして勉強します。シェークスピアを含んだ様々な英語圏作品を英語で学び、古典・漢文の作品を自らの言語で学習できるのは、異文化理解の見地からしてとても良い材料を生徒に提供していると思います。

　国文学と英文学の両方が勉強できることはよいことですが、より大切なのは、日本文学の古典作品に日本の高校と同じレベルで親しんでいることです。現代の我々は煩雑な生活の中で、古典作品に還るような余裕はなかなかありませんが、ふとした瞬間に学校で習った和歌がよみがえって日本の心を再認識することがあります。ヨーロッパの国々でも疎かにされることのない古典学習というのはそういうものです。自国文化を大切にする国では忘れられることのない古典学習ですが、本校を土台にして視線を世界に広げようとして

いる生徒たちには欠かせない学びの対象です。

　歴史分野でもユニークな学習環境を提供しています。世界史は英語で行う授業と日本語のものがあり、生徒はどちらかで学びます。英語による世界史は視点が日本語のものと同じではないので興味深い学習となるでしょう。一方、日本史は全員必修で日本語で行います。内外の大学へ進む前に、日本の歴史を通して勉強できるのはこれが最後の大切な機会になります。

2. 学校旅行（School Trips）

　異文化に触れる機会をふやすために、本校では年間を通じて様々な都市や景観地を訪れる学校旅行が行われます。グルイエールやモントルー、シャモニーやツェルマットなどの町を日帰りのエクスカーションで訪れるものもありますが、大きな泊まりがけの旅行では、全校生徒がスイスやヨーロッパの各地を訪ねる、年に3回の学校旅行（School Trips）があります。9月に行われる Sepetember Trips、10月の Swiss Cultural Trips、そして4月の European Cultural Trips です。

　Sepetember Trips はスイスの豊かな自然を生かして野外活動を楽しむもので、農家に併設された野外活動施設に宿泊してマウンテンバイキングやロッククライミングをするグループ、カヌーを楽しむグループ、山小屋に宿泊して山岳ガイドと共に氷河歩きを体験するグループなど、八つのグループに分かれて活動します。

　Cultual Trips と呼ばれるものは文字通り文化旅行であり、各都市に向かい、その歴史や文化について現地で学習します。スイスとヨーロッパについての文化旅行の様子を紹介します。

2-1 Swiss Cultural Trips、スイス文化旅行

　この旅行での行き先には、例年、ベルン、ジュネーブ、ルガノ、ルツェルン、チューリッヒなどの歴史都市を訪れるコースが用意され、生徒はこの中から自分の行き先を選び、2泊3日の日程で出かけます。この時、12年生

は特別にイタリアのベニスまで足を伸ばす卒業旅行（3泊4日）となります。

　留学生としてスイスに3年間滞在する間に、スイス内外の各地を訪れる機会は、学校行事の多い本校にあっても、特別なハイライトであると言ってもよいでしょう。毎日の授業や見慣れたレザンの山風景からひと時離れて、友人たちと共に各地を旅行する時間は良い気分転換にもなります。

　しかし、生徒たちは喜んでばかりもいられません。現地ではガイドさんから英語の説明があり、スタディホール（自習時間）だってあります。そして、全員が一斉に帰寮した翌日には、トリップレポートを英文でまとめなくてはなりません。

　レポートは5段階で評価されます。不可を意味する「1」の場合は、書き直しが指示される厳しさもあります。一方、特に優秀なレポートが学年毎に選ばれて学校表彰されます。

　そのレポートとはどんなものでしょうか。レポートと言っても、調べて探求したものを客観的に書くといったものではなく、現地で見聞したものを自分の体感を通して日記のように書き残すものです。日記と言っても、生徒によってまとめ方がいろいろあるので、自分がその都市を歩いて見て回った中で最も気に入った5～7箇所を上げて、その印象やなぜそれが気に入ったのかという理由を説明するように指示されています。2014年の秋にチューリッヒ旅行に参加した中西結乃さん（11年生）のレポートで彼女が最も気に入った場所を見てみましょう。

City Tour

After we arrived to Zurich on the first day, we walked around Zurich. Our tour guide was Andrea, and she explained us about her hometown, Zurich. According to Andrea, Zurich is the biggest city in Switzerland although it isn't the capital city, and it's described as a capital of finance and economy. I like the city tour because Andrea told us many of small knowledge whenever we stopped. For example, she told us about 1226 drinkable fountains in Zurich, gorgeous decoration on Christmas, rococo architecture, and the tram running since 1882. I wouldn't realize most of them without her explanations, and they were useful to understand information in other places such as a museum and an art gallery, so I chose city tour as the best in my trip guide. Through the city tour, we visited 3 exemplary churches, Grossmunster, Fraumunster, and St. Peters. First, Andrea said Grossmunster was the monastery for the monk built in 8th century. She also said that it was one of the central points of the religious reformation by Zwingli in 16th century, and the religion in Zurich changed to protestant from catholic. The stained glass there had less colors than I imagined. In my mind, stained

↑Fraumunster from the street

中西結乃さんのレポート1

市内見学ツアー（筆者訳）

　最初の日にチューリッヒに着くと、市内をぐるっと歩きました。私たちのガイドはアンドレアという人で、彼女が生まれ育ったこの町を説明してくれました。アンドレアによれば、チューリッヒは首都ではないけれどスイスでは最も大きな都市で、金融と経済の首都であると形容してくれました。アンドレアが立ち止まるたびにいろんなことを話してくれるので、私はこの市内見学のツアーが気に入りました。例えば、彼女はチューリッヒにはそのまま水が飲める噴水が1226もあり、クリスマスになると豪華な装飾が現れること、ロココ調の建築があり、1882年から市電が走っていることなどを話してくれました。そういうことは説明されなかったらとても分からないし、そういう情報が後に博物館や美術館など他の場所を訪れた時に説明を理解するのに役立ったので、この市内ツアーを私のレポートの最もお気に入りの項目に上げました。このツアーで、私たちはグロスミンスター、フラウミンスター、聖ピーターなどの三つの寺院を訪れました。グロスミンスターは8世紀に建てられた修道院です。彼女は、これは16世紀のツヴィングリによる宗教改革の中心地の一つであり、（その結果）チューリッヒの宗教はカトリックからプロテスタントへ変わったと説明してくれました。ステンドグラスは想像以上に色あせていましたが、その中には神様か、聖母マリアかキリストが描かれているようでした。アンドレアはフラウミンスターは修道女のために853年に建て

---

glass has pictures of gods, Maria, or Christ with full of colors. However, most of glass there had patterns like stone instead of those pictures. In contrast with Grossmunster, Andrea said that Fraumunster was the monestery for women built in 853. The keynote color of the stained glass was blue. According to Andrea, the stained glass was made in 1970 by Marc Chagall who was a French artist. She told us that blue was his favorite color and that's why blue was mainly used for stained glass in Fraumunster. The stained glass were brightly colored and I really liked the beautiful soft light coming into the church through the glass. The stained glass in Fraumunster is another reason that I ranked the city tour as the best one.

According to my dictionary, UBS stands for Union Bank of Switzerland. There were some buildings of UBS in the city, and we visited one of them. Alexa, a woman who is working there, guided for us, and Ms. Ikehashi and Ms. Morohara helped the guide translating her explanations. About the bank in Switzerland, I knew that banks in Switzerland are famous for its strict security, so I was looking forward to visiting UBS and learning minutely about the bank in Switzerland the most before our trip. According to Alexa, it was founded from 1915 to 1917 and began its business in 1917. When I entered to the bank, the spacious room was very clean and bright. It looked like theater, not like a bank reception. Andrea said that the building was a cultural heritage.

中西結乃さんのレポート2

られたと言います。彼女によれば、ここの青を基調とするステンドグラスの原画は 1970 年にフランスの画家シャガールによって描かれました。彼は青が好きで、この修道院に多用したのだということです。このステンドグラスは鮮やかな色をしていて、私はこのガラスを通して教会に入ってくるきれいで優しい光が気に入りました。フラウミンスターのステンドグラスがこのツアーを 1 番に上げたもう一つの理由です。

　この生徒は初めて訪れたチューリッヒで見たもの、感じたことを 7 枚のレポートに書き綴っていきます。その最初の項で、好感を持ったガイドさんのことや特に印象深かったことを取り上げています。街を誇りに思うチューリッヒ女性との出会い、中世都市の噴水について考えたこと、19 世紀から走っている市電、歴史教科書でしか知らない宗教改革と目前の寺院との関係、お気に入りのステンドグラスとシャガール、どれもがこの生徒が遭遇したリアルなチューリッヒであるし、その一瞬のリアリティが書き残されています。自分の見たもの、感じたことを鮮明な文章で表現しておくこと、それは単なるツーリストにはできない貴重な経験です。

　書かれている英文はどうでしょうか。特別に複雑な構文が用いられている訳でも、特殊な語彙が使われている訳でもありませんが、素直で簡素な文章で旅の出来事や自分の印象が語られています。11 年生の書く英文としてはよくできています。

　ただし、日本の高校 2 年生がこういう作業、旅で見聞したことを英文で記録するという作業をしようとすればかなり苦労するでしょう。一般的に日本人の英語学習者は「話す」「書く」ことに苦手意識があります。神奈川県のある高校で 1 学年 110 人を対象に英語学習についての意識調査のアンケートを行ったところ、「読む」「聞く」「話す」「書く」の 4 領域のうち何が一番できるようになりたいかの質問に対して、80％の生徒が「話す」「書く」と回答したということです。しかし、実際に英語を使って表現してみたいかという質問については、肯定的回答は 47％に留まっていました（「神奈川県総合教育センター研究報告 2011」、田村純子）。日本人の英語学習者には発信することに消極的な傾向があると思われます。「話す」「書く」は勉強しにく

い領域なのです。

「KLAS の英語」の章でも述べた通り、本校では授業の中で繰り返し「話す」「書く」などの発信のための練習をしています。そうした基礎を前提にしてこうしたトリップレポートを書いているので、ハードルはそれほど高くはありません。体感したことを当たり前のように英文に載せて、訪問地を学びます。

2-2 European Cultural Trips、ヨーロッパ文化旅行

最大の学校旅行はヨーロッパ文化旅行です。ヨーロッパの中心地にいる利点を生かして、各国への旅行が実行されます。これまで、社会情勢の変化などによって行き先は少しずつ変わってきましたが、今ではバルセロナ、パリ、フローレンス、ミュンヘン、ウイーン、プラハそしてブダペストの 7 都市へのコースが用意されており、毎年 4 月に 4 泊 5 日の日程で行われます。

2014 年春のウイーン旅行に参加したホール茉利香さん（12 年生、2014 年卒）のレポートの一部を見てみましょう。

2014 年 4 月 27 日、11：55　（筆者訳）

その時、私はウイーンに恋に落ちていたとはっきりと認めなくてはなりません。レザンへの帰路に着く直前、がたごとと揺れる地下鉄の窓に映った自分の姿を見つめて、ここはまさに私のいるべき場所だと思いました。そんな風に思えることがこれまで何度あったでしょうか。

卒業前で感傷的になっていたのでしょうか。あるいは今年のミュージカルの影響なのでしょうか。原因は何であれ、ともかくこの旅行中、私は人生について考えていました。大

げさかも知れませんが、本当です。人にはそういう時もあるのではないでしょうか。人は日常生活から離れて、果たすべき責任や仕事のない時にはじめて人生を考える余裕が持てるのです。

　人は誰でも自分の人生に思いをめぐらしたような旅を一つや二つ持っているものでしょう。そんな旅の中で、過去にやってきたことや、今正しい道にいるかどうかや、これからどの道を選ぶべきかを考えたはずです。

　シェークスピアは「世界のすべてはステージだ」と言いました。私はあえてすべての旅は鏡だと言いたいです。彼はすべての人は「演技者」だと言うのですが、それなら私は旅行中に見て、食べて、学んで、そして感じたすべてのことは、自分の人生を計画する鍵だと言いたいです。

ステージ1―子ども

　ミュージアムクォーター（美術館群）は、ウイーンが傑作レベルの美術作品を現実世界に取り込むことのできる、豊かな芸術の都市であることを確信させる場所です。このクォーターは、多くの美術館、無数のカフェ、待ち合わせ、社交、デートや人々の憩いの場となる広場の大きな文化的複合体です。

　私はレオポルド美術館を訪れました。そこには、クリムトとシーレの優れた作品がたくさんあります。後からガイドさんに聞いて知ったのですが、この二人はオーストリアで最も親しまれた画家です。長い時間をかけて見た多くの作品の中で、私の目を釘づけにしたのはクリムトの「死と生」でした。一人の子どもが、明るく、柔らかく、鮮やかな色彩の数々の文様に包まれて、一人の女性の腕に抱かれています。その子の位置に自分自身を置いて想像してみました。その子と同じように、多くの人が私を守ってくれたはずです。安らぎ、愛情、暖

かさは時に人を至福の時に回帰させたがりますが、それは叶いません。

　写真を見れば分かるとおり、絵には骸骨が描かれています。これを見ていると、死はいつもすぐ側にあると言われているようです。また、生のはじめは同時に終わりへの旅の始まりであり、それはシエークスピアの詩と実によく通じます。

　先に見た11年生の生徒が書いたものとはずいぶんと違う文章です。11年生の生徒のものは、見たもの聞いたものを記録するようにして記述して、そこに自分をコミットさせていました。この12年生は旅の中ある自分を見つめ、そこから旅情とも言うべきものを表現しようとしています。英語表現力が身についているから可能になることですが、ウイーンの情景と自分の中で生じた思弁が重なって、詩情さえ漂わせる文章になっています。彼女の表現力とウイーンの情景がこのような優れた旅の記録を生んだと言えます。旅行そのものといい、そこで重ねた内面的な思考といい、それによって彼女だけのウイーンが記されています。

3. 教科指導の中にある異文化理解

　どんな人や状態を「学力が高い」というか、授業はどんなスタイルで進んでいくものか、そうした学力観や授業方法にも国や社会の影響を受けて違いがあると言ったら、驚かれるでしょうか。もし学力とは何かについて、国による違いがあるなら、日本で学力が高いとされた人がアメリカではそれほど高く評価されないかもしれません。イギリスの先生が日本で教えたら（言葉の壁がないとしても）、その教え方に生徒が戸惑うかもしれません。

　現実には、学力観や授業方法などの学校教育の本質部分は社会や文化の影

響を大いに受けていて、小さくない相違があります。KLASではこの違いを毎日のように体験します。毎日のことですから生徒はその違いに慣れてしまい、違いとして意識されることはないのですが、それはまさしく異文化体験の一つであると言ってよいでしょう。

3-1 日本と他の先進国の学習指導の違い

　学校教育の制度は国によってまちまちですが、大学などの高等教育につながる普通教育には12年前後をかけるのが一般的で、ほぼ同じです。この12年間に何をやるか。国や地域にもよりますが、少なくとも制度がしっかりしている先進国であれば、国語、外国語、数学、社会、理科などがどこにでも採用されているコアな科目でしょう。さらに、各科目をどのレベルまでやるかも、普通教育であれば大学教育へつなげるためですから、大きな違いはないと言ってもよいはずです。つまり、大学前の普通教育で何をどこまでやるかは、大まかに言えば似たり寄ったりです。

　しかし、こうした最終的なレベルにどのような方法でどんな経路でたどり着くかという方法論や、どのような状態が学力が高くてよりよく準備されているかの判断では、違いが現れて一様ではありません。違いはいろいろな側面で見られますが、日本の教育を考える上で私が注目したいのは、日本と他の先進国との間にある学力観と、それにもとづく教授方法の違いです。

　日本の教育は、今現在は改革の方向にありますが、未だに結論に至るプロセスよりも、結果としての正確さや知識を大切にする知識基盤型のやり方に重点をおいています。正確で整理された知識をなるべく豊富に吸収して、それをもとにして一定時間内に情報を整理したり、所与の問題の一つしかない正答にたどり着ける能力をめざし、そういうことができる状態を学力が高いと評価します。

　それに対して、他の先進国の場合、日本との比較においては、結果そのものよりはそこに至るプロセスを大切にして、思考力重視の問題解決型のアプローチをとります。意見を出し合って討論してみる、目的に合わせて情報を集め、それを整理した上で再構築して表現してみる、などの実践的な能力が

より高く評価されます。

3-2 PISAに見られる学力観と日本の学力観

　知識よりも問題に取り組む力を重視する問題解決型の学力観を、日本の知識基盤型の学力観と比較しながら見てみましょう。

　問題解決型の学力観が典型的に表れている例として、OECDが行う先進各国の生徒の国際学習到達度調査を上げてみます。PISA（Programme for International Student Assesment）と言われるもので、ひと頃日本で学力低下が言われた時に、それを示すためによくPISAの調査結果が引き合いに出されたので、ご存知の方も多いでしょう。

　学力低下はともかく、ここではテストの内容に注目します。PISAのテストは、＜読解力＞、＜数学的リテラシー＞、＜科学的リテラシー＞の3領域から成ります。各領域について世界共通問題を作り、各国語に翻訳した上でOECD加盟国の15歳の生徒を対象に実施しています。テストの設問方法は、先進国共通の学力イメージを表すものだと言ってよいでしょう。

＜読解力＞　「在宅勤務に関する問題」を見てみましょう。[1]
　在宅勤務について肯定的な意見と懐疑的な意見の二つの文章を読んで設問に答えます。問1は文章の趣旨が理解できれば難なく解答できる、日本でもおなじみのパターンです。問2は、本文の読解自体から離れ、文章の趣旨を社会生活に応用して自分なりの例を作らせているのが興味深いです。働くということに日頃から問題意識がある生徒にはそんなに難しくはないでしょうが、正答が一つではないこともあって、日本ではちょっとドキッとする生徒もいるでしょう。

---

[1] 「OECD生徒の学習到達度調査～PISA調査問題例～」（文部科学省国立教育政策研究所）より
　以下の問題例も同様

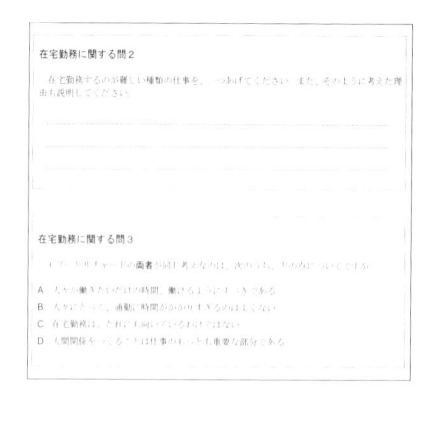

3章　学んだ英語を使って－国際的な感覚を養う

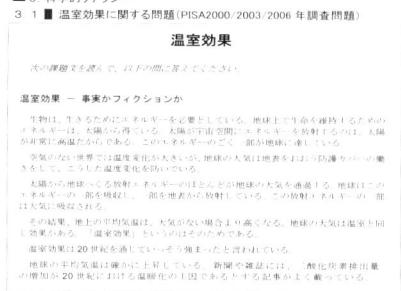

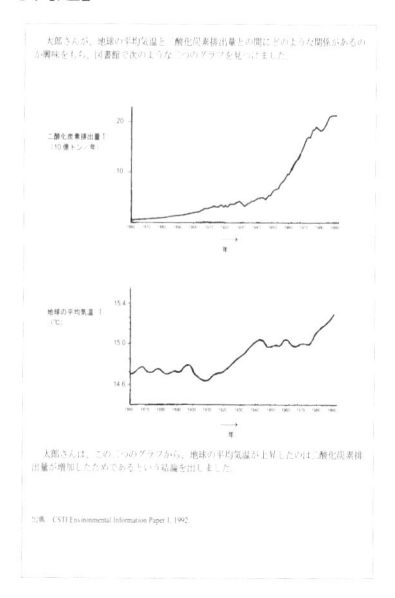

<科学的リテラシー>　「温室効果に関する問題」

　二つのグラフが与えられ、太郎さんの出した結論について、記述の問題が続きます。

　直感的には二つのグラフの間に類似性があるので両者を結びつけるのは自然なことですが、「どのようなことを根拠にし

て」と問われると、分かっていても、いざどう答えてよいか戸惑う日本の生徒は結構いると私は思います。四つぐらいの選択肢を用意すれば相当数の生徒が正解するでしょうが、自由記述式で自分の直感を言葉にするのは日本の生徒は意外と弱いのです。

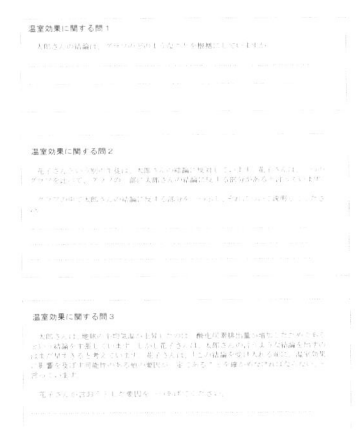

＜数学的リテラシー＞ 「為替レートに関する問題」

為替の計算と、あるレート状態の意味について問うています。計算自体は、例えば日本の高校入試と比べれば難しくはなく、日本の中３生ならやさしいはずですが、通貨の交換という行為そのものを理解している必要があり、生活に即した問題だと言えます。数学の公式を使って数学の論理に則って解くというよりも、数についての正しい感覚が身についていれば解けます。問３の説明問題は感覚的に理解できていることを言葉の表現に転換しなくてはなりません。

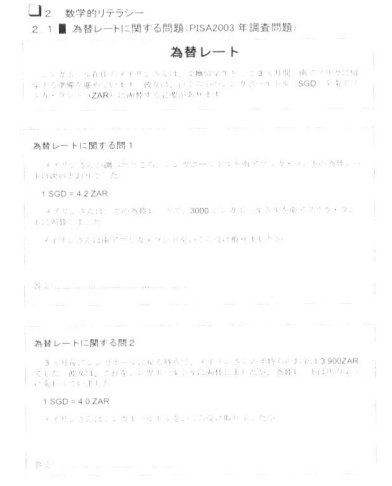

＜読解力＞の問題は、日本の国語読解力問題によくあるような、出題者と解答者が見えないところで持っている共通の前提を通して一つしかない正答へと導かれるのと違って、ストレートに文章の趣旨に迫ろうとしています。

加えて、あえて解答者の考えを論理的に説明させることにも踏み込んでいます。科学的・数学的＜リテラシー＞という用語は「読み書きの能力」のことで、必要な情報を取り出して正しく活用することを意味します。日本の自然科学の分野では、知識や技術の習得とその応用力を測ろうとするのに対して、ここでは科学的・数学的に正しく順序立てて推論する力を見ようとしています。PISA の問題からうかがえる学力の捉え方は、日本で一般に共有されている学力観とは小さくない相違があることが分かります。

　日本において最も代表的な学力テストは大学入試センター試験で、有している知識にもとづいて正しく迅速に一つだけの正答を導き出す力を見ます。それに対して、PISA はそうしたやり方とは異なり、「知識と能力、経験をもとに、将来の実生活の関係する事柄にいかに対処するか」に関して、「自分なりに答えを作り上げ、文章、語句でそれを表現する自由記述の問題」を特徴としています。知識そのものよりも、応用力、思考力や想像力が重視されて、それを表現することがより重要なものと捉えられています。

　そのために問題は工夫されていて、込み入った具体的な状況が設定され、解答者自身がその中から問題の解決に有用な情報を取り出して、それらを再構成して問題状況を自分なりに判断することが求められます。総じて、これまで日本の追い求めてきたものが知識基盤型の学力観だとすれば、PISA に見られる学力観は、問題解決型の学力観だということができます。

3-3 日本に必要な課題探求型教育と KLAS

　この知識基盤型の学力では現代社会に適合できないという心配があります。
　現代社会は高度に情報化されており、ネット上に存在している情報という情報は瞬時のうちに探して取り出すことができます。ここでは人間は情報の量よりも、情報の選択、分析、判断の仕方や、その解釈された情報にどういう態度をとるのかの方が断然に重要となります。知識基盤型の学力だけでは現代社会に適応して、将来の自己実現につなげていくことが難しいのは誰の目にも明らかです。加えて、情報の洪水とも言うべき社会にある生徒たちは映像、音楽などの感覚的な情報にさらされて育っているので、座学だけの知

識を注入する授業では効率よく勉強できないという事情もあります。

　こうした認識から、日本でもPISAに見られるような問題解決型の学力をつけさせる課題探求型の教育が求められるようになってきました。文部科学省もこれに向けて改革に乗り出しました。2015年1月に発表された高大接続改革実行プランによれば、現行のセンター試験を廃止して、代わりに2019～20年をめどに基礎・発展レベルの達成度を測る達成度テスト（仮称）を新設するとしています。これにより高校の教育改革を図り、「課題の発見と解決に向けた主体的・協働的な学び」を推進しようとしています。実現されれば大きな改革となるでしょう。これまで高校が変われなかったのは大学入試があったからです。この大学入試改革が成功すれば、高校はもはや言い訳はできず、待ったなしに課題探求型の教育を実現しなくてはなりません。

　この問題、本校ではどうでしょうか。本校は日本の高校として学習指導要領に準拠したカリキュラムにもとづく学習指導が行われるので、現在のところ、教科指導は国内高校と同じように知識基盤型に偏りがちです。しかし、教職員の中にある多様性が日本では得られないような展開をもたらしてくれます。実は、伝統的な知識基盤型の教育から課題探求型への転換を最も早くに果たしたのはアメリカですし、それに続いたのがヨーロッパの先進国なのです。これらの国で学校教育を受けて教員免許を取得した先生たちは、課題探求を中心とした授業を生徒であった時からよく知っています。能動的な学習をするために、討論やレポートライティングなどの知的ワークをどのようにするのか、生徒だった時代にも、また教師としてもよく学んでいます。

　彼らの指導法は生徒にとっては退屈せず集中することのできる新鮮な学びです。集中できる時間が長く持たない、勉強の苦手な生徒には生き生きとワークに没入できる新しい学習体験になるし、座学に慣れて、落ち着いて勉強できる生徒にとっても、能動的に自分自身を投入できることは学習に奥行きを与えてくれます。

　教育は社会や文化の影響を極めて強く受けます。知識、結果を重視する日本的なやり方の影響を受けるKLASですが、教職員の中にある文化的な多様性が、生徒に日本では一般的でない授業の進め方を体験させることにつながっており、それがそのまま貴重な異文化体験となっていると私は考えていま

す。その日本ではあまり見られない授業の進め方の例として、KLASで行われる課題探求型の授業を紹介しましょう。

3-4 KLASで見られる課題探求型の授業

　KLASのたくさんある科目の中から、課題探求の活動を中心とする典型的な授業を二つ見てみます。

—— Global Issuesの授業

　1章で取り上げたGlobal Issuesの授業を再び取り上げます。1章では英語を使って高度な内容を勉強することが英語を飛躍的に高める例として扱いましたが、ここでは課題探求型の授業のモデルとして紹介します。

　この日の授業は「環境問題」に取り組んでいました。知識のための学習を終えた後、あるプロジェクトに取り組んでいるところでした。それはPeer teaching（生徒による授業）で、あるテーマについて生徒自身が調べ、理解できたことを「授業」にして他の生徒に発表していました。生徒にここまでさせるにはただやれと言っても無理で、生徒を上手にガイドしなくてはなりません。ここにプロジェクトの準備段階で先生が出したプロジェクトの指示書があります。

プロジェクトの指示書

課題：生徒による授業（筆者訳）
次の数時間を使って、他の生徒たちに教え、他の生徒から学びます。
　先生（生徒が先生になっている）：ウエブサイトかビデオを用いて、環境または持続可能性の問題についての授業をする。
　生徒：先生（友人たち）の授業を受ける。
［先生役がすべきこと］
1. ウエブサイトの情報を読み、VTRを見て、教材を選ぶ。
2. この授業は何についてなのかを説明する2〜3文の要約を用意する。
3. 選んだ教材にもとづいて、以下のことを含んだ授業を作る。
　　a. 選んだトピックスについて生徒に考えさせるための五つの<u>ウオームアップ質問</u>を作る。このウオームアップ質問について生徒に話し合わせることで、生徒がすでに知っていることは何かを探る。
　　b. <u>語彙練習</u>　ゲームで練習させる。重要語句を選び出して、その意味を平易な英語で説明できなくてはならない。
　　c. <u>リスニング練習</u>　空欄補充、聴解、討論などの作業が考えられる。
　　d. <u>討論のための質問</u>　これはビデオの内容と関連していなくてはならない。自分たちが見たものに何を感じたか、将来にどんな暗示があるかなどと聞いてみる。
4. 授業後に事後シートを配って、扱った質問に答えを示す。
5. 自分の授業を誰かの前でよく練習しておく。

　さあどうでしょう。この指示書にもとづいて生徒がしている作業を見てみましょう。

1.「生徒による授業」の準備と実施
　題材を選ぶだけでも、いくつか読んだり聞いたりしなくてはなりません。題材が生徒にマッチするかどうかは、本当はとても大切なことで難しいのですが、そこも生徒に任せてあります。
　討論のための質問も討論そのものの成否を決めると言ってもいいほど大切なことです。1章に紹介したグループは「震災後の福島原子力発電所の問

題」をテーマに上げ、アメリカの放送局のニュース・クリップを題材にしました。
2. 授業の中で討論
「生徒による授業」の中で、生徒同士が討論するという面白い構図になっていますが、生徒たちはしっかりとやっていました。
3. 内容理解の質問
九つの質問があり、内容理解にもとづいて言葉で解答を作ります。問題によっては討論に発展しました。
4. グループワーク
VTRの聴解を前提にして、本質的な質問が出され、グループで話し合います。
（質問）
・ビデオを見て感じたことは？
・これからも原子力発電は必要か？
・あなたは原子力発電を止めれば温室効果ガスの増加が抑えられるか、それともその反対か？

多くの知的作業が求められています。答えは決して一つではなく、どんな情報を取り出して、どう組み立て、討論に対してどんな立場をとるか、主体的に選択しないと前には進んでいけません。実践的なレベルで問題を掘り下げて、自分なりの答えを出す練習がなされています。

── Research Project の授業

　Research project は課題研究のことで、自分の定めたテーマについて調べて研究したことを英語で論文にまとめます。12年生の選択科目で最終論文は卒業前に仕上げるので、大学の卒業論文に似ているかもしれません。調べて書くという作業は様々な能力を総動員して行う総合的な学力を必要とするので要求レベルは高いと言えます。そのための準備をしっかりと行います。
　まず第1に、論文のプロトコル（形式）に慣れることです。日々の授業の中で MLA(Modern Language Association) の定めた基本ルールを作文練習しながら学びます。これにより、学術的な作法に適った形式で引用などがで

きるようにします。

　第2には、論文がしっかりしたロジックで組み立てられるように、全体を効果的に構成する技量を身につけます。Writing Academic English（学術的な英語論文の書き方）という教科書を使って、ロジックのしっかりした論文を書くいくつかの技法を学びます。

各年の論文集

　こうした知識の勉強とともに論文作成の実践的な練習もします。年間に練習のために書く論文は以下のようです。

・事象を時系列に書く論文 (700-1000 words)
・「原因と結果」の構成で書く論文 (1000-1500 words)
・「比較／対比」の構成で書く論文 (1000-1500 words)

　このような準備段階を経て、最終論文 (2000 words) のプロジェクトに入ります。生徒には次のような指示が与えられます。

・自分の書こうとする論文のタイプを決める。
・過去の卒業生の論文集から参考となるものを調べる。
・「探求課題」を設定する。
・調査、研究
・注釈を作る。
・アウトライン（展開を箇条書きにしたもの）
・要約を作る。
・論題文を作る。
・導入と結論を作る。
・アウトラインから本文の草稿を作る。
・生徒同士で校正、編集し合う。

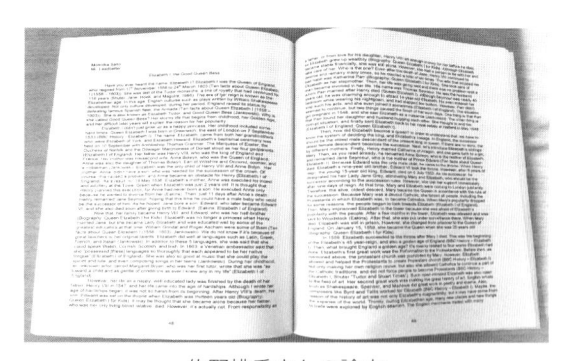

3章　学んだ英語を使って－国際的な感覚を養う

こうしてでき上がったものが論文集として印刷・製本されます。その中から佐野桃香さん（12年生、2014年卒）の論文を見てみましょう。

佐野桃香さんの論文

エリザベス1世、慈悲のベス女王（筆者訳）
（導入部分）
　エリザベス1世をご存知ですか。エリザベス1世はイングランドの女王で、1558～1603年の間、在位しました（エリザベス1世女王の10の真実）。彼女は118年間続いたチューダー王朝最後の人です（シュター、ジェーン、フック、マクガイアー、1995）。彼女の統治した時代は「エリザベス時代」として知られています。この時代にシェークスピアの戯曲などのイギリス文化が発展しました。文化に限らず、当時名を馳せたスペイン艦船、アルマダを破ったことで国威を発揚しました（エリザベス1世女王の10の真実）。彼女はエリザベス＝チューダーとして、また慈悲のベス女王（ジョンコブスキー）としても知られています。なぜ慈悲の女王なのか、彼女の幼少期、黄金期、晩年の困難な年月などの波乱に満ちた人生が、その人気の理由を説明してくれます。

（展開部分）女王の人生が、様々な資料を引用しながら記述されます。
［その一部分］
　1558年、メアリー1世が死去するとエリザベス1世は正式に王位を継承し（BBCヒストリー、エリザベス1世）、イングランドの黄金時代であるエリザベスの45年統治が始まります。それが黄金時代と言われるのはなぜか、それは彼女の行った四つの施策に関係します。その最大のものは宗教改革でした。先述のようにプロテスタントの教会はメアリーによって

禁止されていましたが、エリザベスはそれを許し、プロテスタント教会の建設を援助しました（BBC ヒストリー）。さらに自身の宗派を復活させるばかりでなく、カトリック派に対してもカトリックの伝統を維持することを認め、プロテスタントへの改宗を強制することはありませんでした（BBC ヒストリー、シューター「チューダー朝とステュアート朝」）。心の広いエリザベスは芸術分野でも寛容でした。2番目の偉大な仕事は芸術の歴史を切り開いたことです。この時代、シェークスピア、スペンサー、マーロウなどが詩や演劇の世界で大きな仕事をしました。……

（結論部分）
　エリザベスの人生は幼少期に様々な困難があり、長じては周囲から陰謀を受けましたが、彼女の統治はイングランドとその芸術に黄金時代をもたらしました。（中略）彼女は「私は決して貪欲ではなく、すべてを欲しがったりはしなかった。利己的でもなければ、浪費家でもなかった。私の心は物質的な富ではなく、私自身がめざす善に捉えられていた」という言葉を残しています（伝記.com）。以上から、エリザベスは人民に求められ、支持された偉大なる女王であったと言える。

　Research Project は英語力に加えて、高度な知的活動が求められる総合的な科目です。こうしたレポートを作成するには、課題を設定し、自分なりの解法を見い出し、必要な情報を集め、それらを関係づけて構造化された明快な英文で表現しなくてはなりません。

　自分で課題を見つけ、自分なりの道筋を作って、それを表現する。まさに課題探求型のアプローチの一つの典型例がここにあります。

3-5 日本語で行う授業での課題探求活動

　日本の高校では、各科目の取り扱うべき内容がはっきりしており、大学受験にも対応しなくてはならず、大きな自由度はありません。それは KLAS の

日本語で行う授業でも同じです。しかし、KLASではGlobal Issuesなどのような課題探求型の授業がいくつか行われていることで、他の先生たちの授業スタイルにも影響を与え、学校全体の学びの構えを変えています。

課題探求型の授業スタイルから学ぶことができるのは、生徒を能動的な状態において「思考を活性化」させることでより深く理解させ、「できる」をめざすことです。例えば、「実際にやってみて考える」「意見を出し合って考える」「分かりやすく情報をまとめ直す」「問答を多くして双方向のやりとりを作って、授業に参加させる」などの活動をタイミングよくさせることで、「思考の活性化」を図ることができます。そうした努力が日本語で行われる授業の中で行われます。もちろん、大きな自由度はないので限定的ですが、生徒をアクティブに、能動的にさせて学習効果を上げる工夫がなされます。具体的には、プロジェクト学習、シミュレーション、ディベート、演習や実験などのアクティビティが講義型の授業の中に組み込まれます。こうした試みの中から、二つの科目の例を紹介します。

──国語での課題探求型授業の取り組み

国語・英語のバイリンガル教育を柱とする本校にあって、国語は日本人としての国民教育においても本校特有の英語の教育においても中心的な役割を負っています。国際的な教育をめざす本校における国語教育はどうあるべきなのか、追究が続いています。試行錯誤の一つに、「書く、話す」などのアウトプットの表現力を伸ばす工夫があります。表現力の指導は読解力の指導とは違って、「表現すべき内容」が自分自身の中にある主観的な題材になるので定型的な指導は難しく、よく練られた準備が必要です。

本書で見てきたように、生徒は英語の授業で多くのアクティビティを経験し、一般の授業でも討論したり、発表したりすることを重ねているので、そうした活動には慣れており、国語でもそれを生かした授業をしています。

その様子を作文指導に見てみましょう。年間を通して、国語の授業は教科書の題材を使って読解を中心に進んでいきますが、その中に、いくつかのプロジェクトとして作文に取り組むことになります。そのプロジェクトの一つ

を紹介します。

  プロジェクト：10年生「私の比較文化論」－教科書の題材を契機に自分な
      りの文化論を作文する。
 題材：「水の東西」山崎正和
    「間の感覚」高階秀爾
 指導：①東洋と西洋の文化差を考えるために、題材に即したワークシートを作成
    ②20人のクラスを四つに分けたグループで東西文化差について討論
    ③各グループ代表がクラス発表
    ④書くべき作文の構成をグループで討論
    ⑤その構成で各自が作文（400字程度）
    ⑥グループ内で発表し、互いに評価
    ⑦各グループの最優秀作文をクラス発表

　単純にはいかない作文指導に道筋がつけてあります。プロジェクトの最終目標は⑤の作文ですが、ただ「書け」というだけでは10年生では戸惑う生徒も少なくないです。そこで、作文の構成を5人のグループで話し合わせています。これによって、書くことに慣れていない生徒も引き込まれます。ただし、話し合いを噛み合ったものにするには共通の認識が必要ですから、そのための作業が①から④です。

　①は多くの生徒がサラサラとやります。問題は②や③、肝心の④の作業がどの程度うまく進んでいくかです。本校の生徒は年中、様々な科目でこうした作業に慣れているので、円滑に進んでいきます。

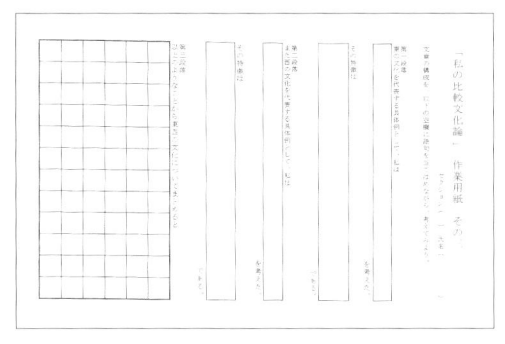

　作文を書いて終わりではなく、事後のフォローもしっかりしていて、⑥で再びグループに戻って他の生徒の作文を参考にすることができます。「能動的に作業して考える」

という狙いが発揮されています。

――政治経済での課題探求型授業の取り組み

　能動的にさせることで学習効果を上げる方法は、数学や理科ではシミュレーションや実験、演習というやり方になりますが、社会では記述的な情報を整理し発信させたり、事例を通して具体的に考察させたりというやり方になります。公民分野の政治経済の授業を覗いてみましょう。

　通常の授業を知識基盤の講義型で進める中に、その内容に沿って年間四つのプロジェクトがあります。
　　①人権裁判の判例をプレゼンテーション：平等権や社会権などの基本的人権が問題になるケースは裁判で争うことになる。2、3名の各グループが人権裁判の中から一つの判例を担当して、事件を調べ、説明する。複雑な事件から「憲法上の争点」を特定する。
　　②模擬裁判：映画「評議」（裁判員制度を周知させるために最高裁が製作）を視聴し、映画内の殺人未遂事件の裁判に参加する裁判員になったつもりで「自分なりの判決」を作成する。
　　③私のお気に入りの政策：出身自治体の施策を調べて、自分が最も注目する政策をその理由と共にクラスに報告する。
　　④構成を持ったレポートの作成：自らの定めた社会的課題について調べ、構成のしっかりしたレポート（2～3000字）にまとめる。

　公民では、地理歴史と違って、学習の対象は現実の社会現象なので学習者にとっては身近に感じることができます。それだけに、課題探求型の授業スタイルとは相性がよいと言えますが、アウトプット系の作業に慣れていないとこうした作業も苦痛になってしまいます。その点では、慣れている本校の生徒はスムースに作業をこなしています。

4章
世界への旅立ち

　日本人の国際教育という目標を掲げるこの学校の特長を「KLAS の英語」「人間的な成長」「国際的な感覚を養う」の三つの側面から見てきました。なるべく実践例や具体例を取り入れて分かりやすく表現することを試みましたが、一部では理論や教育論が入り込んだために、少し堅苦しいものになった箇所もあったかと思います。

　学校というものは生徒が学力をつけて成長する場ですから、学校がめざすものを理解していただくには生徒たちの成長する様子を見てもらうのが一番分かりやすいはずです。そのために、ここで3年間を過ごし卒業していく直前の12年生に、自身のここでの学習や生活を振り返ってもらいました。この学校での取り組みが、その中で彼ら自身の思いや努力が、生徒たちにどのような成長をもたらしているか、彼ら自身の生の言葉の中から読み取れます。

1. 渡部 真由子さん（12 年生、2014 年卒）

──3年前にこの学校に行きたいと思った理由は何でしょう。

　中学の時、自分は弱い子でした。特に人間関係に弱かったのです。何かゴタゴタがあると体調を崩してしまうほどでした。家の中にいる時も何か変な感じで、親への接し方もぎこちなかったと思います。今思えば、「ありがとう」も素直に言えない状態でした。そんな自分が嫌で何とかしようと思っていました。あのまま、地もとの高校に進んでいたら、あの状況を引きずっていただろうと思います。

──それから3年経った今の自分はどんなですか？

　あれから3年が経ちましたが、今は自分のことが好きでいられているし、自信が持てるようになりました。中学の時は、何をやるにしても最初の一歩が踏み込めない自分でした。でも、今は「とりあえずやってみよう」という心の持ち方ができるようになりました。自分を変えようと思ってこの学校へ来たけど今は満足しています。足りないところがあるとすれば、何かやるときに、まだ怖がったり、逃げたがったりする気持ちがあることかな。

──「自分を変えよう」という試みがうまくいった理由は、どこにあったと思いますか？

　友だちの支えが大きいと思うけど、まず自分の中に理由を見つけるなら、自分の性格的なことも大きいでしょうか。私は人にスパッと強く言えるタイプではないのです。何か争いがあっても、人の言うことはちゃんと聞くけど、その後で人を傷つけないように自分の言いたいことを言うのですね。平和主義的なんです。このスタイルで3年間を過ごしていたのは大きかったと思います。私は寮長（寮内での生徒の代表）をしているんだけど、上から目線で何かをしろって言ってもダメなのですね。「あなたがやりたくないって思っているのは私も分かっているけど、これこれにはこういう理由があって、こうしないと寮生活が成り立たない」という言い方をしないといけないんです。

それも感情的になるのもダメですね。こういうやり方を通したことで、自分らしいやり方で自信を持てたのだと思います。

——自分の成長を外から支えてくれたという意味では、「同室（ルームメイト）」の存在が大きいですね。

　例えばかつての「同室（ルームメイト）」に同学年の子がいたんですが、この子は自分とは正反対なアクティブな性格で、考える前に行動するタイプなんですね。私は正直なところ、そういう子を見ているのがイヤだったんです。「行動する前に、ちゃんと考えないで、何かあったらどうするの」って思ってしまうんです。でもこの子は、何かあっても、この子がその何かを乗り越えるたびに成長していくんですね。私はそれを見ていて、「あっ、それでもいいなら私にもできるかな」って思えたんです。それから自分自身は少しずつポジティブになっていきました。それで私が少しずつ行動的になっていくのですが、それでも何か躊躇している時に、この子が「できると思うよ」とか「やってみなよ」って私の背中を押してくれたんですよね。地もとの高校に行っていたら、多分自分と似たような子としかつき合わなかっただろうから、こういうタイプの子と深い関係になることはなかっただろうと思います。こういう人間関係の広がりというのも寮生活の良いところですね。

——「同室」のことを考えると、良いことばかりではないでしょう。あなたにとって、他人と暮らすということはどういうことなのでしょう。

　自分が一人になりたい時に一人になれないし、生活リズムも違う。そういう中で、自分をどうやってコントロールするか。「同室」との距離をどの程度に保つのか。そういうことをいつの間にか学んだ気がします。

——「いつの間にか」というのが凄いことですが、それは今だから言えることであって、自分のストレスや「同室」との摩擦が高まった時は大変だったでしょう。

4章　世界への旅立ち

　そうですね。以前、私の部屋で大変な時期がありました。4人部屋だったのですが、ある人の勝手な振る舞いで他の3人はストレスフルな状況だったんです。寮母先生とも相談していたのですが状況がよくならず、ちょっとした事件も起きるようになって、私はこのままではいけないと思って、3人で思っていることをすべて書き出すことにしたんです。しかし、この時は遠慮する子もいたりしてうまくいきませんでした。別の機会に4人で話し合いをすることを提案しました。この時は、皆がある程度自分の思いを吐き出すことができたように思います。

　そんなことも含めて日々暮らしていると、皆が快適に暮らすためには、いくら仲がよくてもそうでなくても、境界線はしっかり引いておかなくてはいけないと考えるようになりました。距離感が大事で、イヤだなと思った時には少し距離をおいて、その間に別の人とつき合うのもよいですね。逆に、ここへ来て思ったのですが、時には自分の弱みを出して人と話すことも大事なんですね。中学の時はそういうことはできなかったのですが、あえてそうすることで距離がぐっと縮まることもあります。

　結局、大切なのは人がそれぞれ持っている価値観を大切にすることですね。自分にとっての常識は他人にとっては違うのだとしみじみ実感しました。これは Respect others と同じことですね。私にとっての Respect others とは、「親しき仲にも礼儀あり」の言葉通り、他人の生活リズムや環境を尊重することなんですね。自分の意見を押しつけないで、他人が触れて欲しくないと思っていることには触れないとか、そういう気遣いです。

——寮長としてはどういう方針で仕事をしたのですか？

　10年生の時、先輩たちが威圧的に見えて怖くて、言いたいことも言えなかったんですね。だから、そういう思いをさせたくなくて、10年生の声も聞くようにして、ここが我が家だと安心して思えるような寮にしたかったです。それでも、はっきりと言わなくてはならない時もあるのですが、私はバシッと言うことができなかったんですね。はじめは副寮長の子に頼ったりしていたのですがそれじゃあダメだと思い出して、自分で言うようになりました。

優しいのと甘いのとは違うって実感しました。甘いだけではダメなんですね。

――こうして話していると、渡部さんの成長がはっきりと分かります。自分を変えたいと思って3年前に入学してきたあなたは、今や人間としてしっかりと成長できたと思います。これからこの成長をあなたの将来にどのようにつなげていきたいですか？

　私、将来医者になりたいんです。他人の気持ちが分かり人の意見もちゃんと聞けて、相手の立場に立って物事を進められる、そういう医者になりたいと思っています。中学の頃の私だったら、同じ立場に立っているつもりだけで終わっていた気がします。自己満足だけで、他人からは「同じ立場で考えてくれてないじゃん」と思われていたのではないでしょうか。でも、今は、ちゃんとそれができているかなと思います。今なら、他の人にも「ちゃんと考えてくれている」と思ってもらえるんじゃないですかね。少なくとも、自分が相手を理解しようとしていることを相手には分かってもらえるんじゃないでしょうか。

2. 荒井 健太くん（12年生、2014年卒）

――3年前にこの学校に行きたいと思った理由は何でしょう。

4章　世界への旅立ち

　中学校の時に、これから高校、大学と進む中で、いつかは海外に出て勉強したいと願っていました。高校進学の前にいろんな高校を探しているうちに、KLASの存在を知り、こういう高校があるなら高校のうちに海外に出るのもいいかなと思ったんです。
　その時は、この学校に行けば海外でしか学べないこともあるだろうし、英語も上達できるだろうという期待しかありませんでしたが、現実にはそういう勉強面で学べたことの他に、生活面での収穫が大きかったように思います。

――では、生活面でのことは後にして、まずは英語のことから伺いましょう。

　中学生のころの僕の英語力はひどかったんです。何しろ授業で言われていることですら何のことかさっぱり分からないほどです。そこから考えると今では、考えられないほど伸びましたね。

――この前、Global Issues（地球規模の諸問題）の授業で、あなたのグループが他の生徒に向けてタスクとして英語で「授業」をしていましたね。

　国際社会で何が起きているかというのはもともと興味のあることだし、英語を使ってタスクをすることは好きなので、Global Issues は楽しかったですね。ある程度の知識がある問題を扱うなら英語もなんとかなりますね。生徒同士の話し合いは英語でやりますが、例えばプレゼンテーションをする時などは事前にスクリプト（原稿）を用意する訳ですし。まあそれでも、質問に答える時などはその場でなんとかしなくてはなりませんが。

――今の自分の英語力に満足していますか？

　リスニングとリーディングの力はしっかり伸びました。ライティングも速く書けるようになったのである程度十分かな。でも、スピーキングの面では十分だという感じがしなくて、まだ納得していません。スラスラと自分の考えが話し言葉として出るようにならないとダメだと思っています。今思えば、

10年生の時に授業でもっと発言や質問をしておくべきだったと思います。

――では後回しになっていた生活面のことを伺いましょう。

　寮生活は他人の意見や考えが聞けるので刺激になりました。僕は一人っ子ですから親以外の人にしかられるなんてはじめてだったんです。自分はまだまだなんだって思いましたね。
　そういう自分ですから、尊敬する先輩の影響をたくさん受けました。例えば同室の先輩を例に上げるとこんな感じです。11年生のTさんは、ACP（当時）という英語でたくさんの授業を受けるコースに進んだばかりで、朝も晩もものすごく勉強するんですね。人はどれだけ勉強するか知らなかったので、ここではじめて「頑張らなくちゃ」と思いました。12年生のMさんは生徒会長としてみんなを引っ張っている。部屋にいる時は面白いのですが、学校にいる時はビシッとしていて落ち着いていて、ものすごく大人に見えました。あの頃から、追いつきたい、あのようになりたいと今まで頑張ってきたんだと思います。この例のように、先輩の良いところを吸い取ったり、まねをしたいと思いましたね。
　寮全体の環境を考えると、いつでも友人がすぐ側にいるのは楽しい反面、難しさもありますね。自分のことを例にすれば、一人っ子ということもあり、自分の家で他人のことについて頭を使うことは全くなかったのですが、ここではそうはいかず、絶えず他人に気を使うことが必要です。そういう気遣いは最初の頃は難しかったですね。いろんな場面でいろんな人からアドバイスを受けるのですが、今では頭を使う前に体が先に勝手に動きます。例えば、冬休みに帰省して、夕食の時に配膳を手伝ったり、自分の食器を片づけたり、意識しなくても自然にやるようになりました。相手に何ができるかとか、何を伝えられるかを考えることは、前は煩わしいことでしたが今は普通のことになりましたね。視野が広くなったというか、他人のことをよく見るようになったかなと思います。

――この1年、生徒会長として活躍してくれました。どういう方針で活動しましたか？

4章　世界への旅立ち

　僕が生徒会長になったのは、共に生徒会長を経験したMさんやTさんの影響で、あんな風になりたいと思ったのが大きいですね。僕は会長などの執行部が中心になって生徒会全体を引っ張ったり、いろんな企画を出して楽しんでもらったりする生徒会をめざすつもりはなかったんです。それよりも学校をよくする仕事がしたいと思っていました。例えば、生徒の中に学校に対する不満があるような場合、それを引き出して、まとめて執行部が先生たちと話し合ってみるんです。その結果を、また生徒集会で報告します。こういうことを何回もしましたが、これをしていくうちに全体の理解が深まっていきますね。

　やり方としても、自分が生徒会を引っ張るのではなく、生徒会が自分を引っ張るイメージですかね。自分にもあれがやりたい、これがやりたいというアイデアもあるんですが、とりあえずみんなの話を聞いて、やるとなったらサポートする側に回ります。

　自分の仕事はみんなが楽しくやれるようにすることだと思うんですよね。そのための生徒（会）のモデルとして過ごしたつもりです。

——将来への希望はどうですか？

　今考えていることが将来どのようにつながっていくか分からないんですが、こうして海外で勉強することができたのだから、今後日本だけに留まりたくはないですね。できれば、日本と海外を結ぶような仕事につけたらいいなと思います。また、会社勤めだけで終わってしまうのもどうかと思う。何年か経験したら、将来いつか自分自身の会社を立てたいという希望も持っています。ですから、進学先は、経営学部か商学部を志望しています。

——どんな大人になりたいですか？

　この学校や寮で学んだこと、Respect others の精神とか困っている人がいれば助けてやりたいという気持ちを将来の自分につなげていきたいですね。Global Issues の授業で、世界中で困っている人がいるのに自分では知るこ

としかできなくて、自分はなんてちっぽけな存在だと思ったんですよね。多くの人に発信できるようになって、今より影響力を持つ人になりたいですね。

　今こういう希望を語っていることは、この学校や寮で学んだこととつながっていると思います。この3年間がなかったら、今こんなこと言っていないでしょうね。過去があって現在があります。その意味では、これから大学時代に勉強したり、起業の準備をしたりすることが将来につながるのでしょうね。

3. 山崎 真実子さん（12年生、2014年卒）

――3年前にこの学校に行きたいと思った理由は何でしょう。

　中学ではやりたいことがあっても、学校ではなかなかさせてくれなかったんです。生活委員会や部活でやりたいことがあって先生に相談しても、あれこれ理由をつけられてダメだと言われるんです。英語スピーチコンテストもやりたいと言った時なんか、あんまり親身になってくれないんですね。そういうことに疑問を持っていたんで、いろんな機会に恵まれているKLASなら思い切っていろんなことができるかなって期待していました。

　私一人っ子なんです。自分でも人間関係が弱くてわがままかなって思って

4章　世界への旅立ち

いて、もっと成長したいって思っていたのも大きいです。
　それに家族のこともあるでしょうか。私は親と自分をよく比較するんですよね。親のようになりたいとか、親を越えたいとか。特に自分の高校や大学時代のことをよく話してくれる母は自分の意志をしっかりと持っている人で、そういう親を越えていくためには母と同じことをやっていてもダメかなと思ったんです。それで、その当時、お母さんとは違う自分らしい道に進みたいと思ったんですね。普通の高校とは違うKLASに行ったら、いろんな出会いがあって、自分らしい道になるかなって思いました。今思うと、中学の時の私はいつも親と比較していましたね。でも、今はもう比べたりしないですね。自分は自分だと思えるようになりました。

──それから3年が経ちました。3年前の気持ちを振り返ってみて、今、何を思いますか？

　期待していたものとは違うものも得られましたね。もちろん、期待していたものは期待していた通りでした。MUN、ミュージカル、ボランティアトリップ、同室との交流、いろいろやらせてもらいましたが、ある意味、想像以上に貴重な体験でした。
　そういうこととは別に、期待していなかったことで得られたものがあります。自分の成長ということです。人を見かけで判断するのではなく、人それぞれの良さを見つけられるようになったと思うんです。例えば、中学の時なら自分とは違うタイプの人を無意識に拒絶していましたが、今はそういう人とでも、話してみて良いところを見つけられるようになったと思います。この学校での経験がなかったら、今のようにタイプの違う人と深いつき合いができるようにならなかったでしょう。
　自分の成長といえば、先にも言ったように、自分は自分だと思えるようになったのは、強くなったことかなと思います。11年生の時に男の子たちと一緒にご飯を食べているといろいろ言われることがありました。この時にどうしてだろうなと思いましたが、結局、人から何を言われようが、自分は自分の考えでいくことが本当に大事だと思い至ったんです。周りの目を気にし

ていたらいけなんですね。

――成長して強くなった自分がはっきりと認識されているようです。成長したあなたが自ら学び取った事柄が三つ、卒業文集の中で表現されています。これを説明して下さい。

　KLAS にはいろんなチャンスがあって、サポートしてくれる先生たちもいるので、そんな環境にいれば、きっと自分も成長できると思っていたんですね。でも、ここに来て気づいたのは、例えそんな恵まれた環境にいても自分で行動していかないと、自分で何かしないとやっぱり成長できないということです。
　中学校でやりたいことができなかったと言っていたのは、自分で環境のせいにしているだけなのだと気づいたんです。チャンスがなかったのではなくて、自分でチャンスを探していなかっただけなんだと。たしかに理不尽なことはあったんだけど、本当は自分が何もしなかったからだと、ここへ来てから思い直しました。だから、今は、自分を変えられるのは環境ではなく、自分だけだと考えています。
　それから、私は以前から人のために何かしたいという気持ちが強くて、自分のことは後回しにするところがあったんです。それだから、言うべきことも言えなかったし、大切なことも見えてこなかったんですね。だから、自分をしっかり持って、自分を尊重することも大切なんですね。それは、他人を尊重するなら自分も尊重しなくてはならないということですかね。学校の Respect others の標語に沿って言うなら、周りも自分も大切にするのが Respect others なのだと思います。
　さらに、価値観というか善し悪しの判断についても自分の中ではっきりとした変化がありました。以前の私は自分の立場からしか物事を見ていなかったのですね。でも、他の人の視点からものを見るようになるといろんな答えがあることが分かってきたんです。別の考え方をしたら別の答えもあり得るのですね。自分では答えが見つからなくて途方に暮れるような時でも、違うアプローチからなら答えが得られることだってありますよね。だから、正し

4章　世界への旅立ち

いことは一つではないと今は思っています。こういう考え方をするようになる前は、これはよい、これは悪いという区別がはっきりしていたんですが、今では、「正しい／悪い」を決めてはいけないものがあると思うようになりました。

　いろいろ偉そうなことを言いましたが、こういうことはここでの生活を通して自分自身で学んだことです。こういうことはここでしか学べないのかって言えば、私、KLASでできたことは日本でもできるはずだって思うんですよね。でも、日本ではKLASの何倍もの努力が必要なはずです。それに対して、KLASではそういう努力を支えてくれる友人や先生、システムがあって、私たちの成長を促してくれるんですよね。結局は自分自身が大事だから、どこにいても同じなんだけど、この学校はそこが違うんです。

——英語には自信がつきましたか？

　そうですね、KLASの英語は好きでした。中学の時はALT（英語ネイティブの補助教員）がいても、その人と英語でやり取りする時間は少なく、文法や読解が中心になっていて疑問を感じていたけど、ここではコミュニケーション中心ですからね。今では、論理的なことだったら英語で話したり、聞いたりする方が楽なほどになりました。英語は論理的な言語ですからね。
　私の英語はまだまだですが、今思えば、最後のところでは英語は語彙力ですから、もっともっと語彙を増やしておくべきだったと思います。

——これからの目標は？

　アメリカのCollege of Atlanticという大学で生物学の勉強をする予定です。生物学をやりながら将来の専攻を環境／生態学か医学のどちらにするかを考えていきたいと思っています。両親は共に医師なので前から医師になることを考えてはいました。以前は同じ道に進むことに抵抗も感じていましたが、今は素直に医師の道を歩みたいと思うようにはなりました。でもまだ最終決定ではありませんが。

この学校で英語とか、日本ではできない国際的な体験とか、学校の中の生活ででもいろいろと貴重な出会いがあって、たくさんのことを学びました。そういう学びを通じて、私は「日本人でありながら、世界のどこでもやっていける人間」になるための入り口に立てたかなって思うんですよね。その基礎を生かして、本当に世界でやっていける日本人としてさらに努力していきたいと思っています。

4. 関野 吏玖くん（12年生、2014年卒）

――3年前にこの学校に行きたいと思った理由は何でしょう。

　中学の時から将来、大学はアメリカで勉強したいと思っていました。そのためには高校からアメリカにある私立高校へ進むのがいいかなと学校を探したりしていました。そんなとき、お母さんが KLAS の情報を入手してきたんです。それからこの学校のことを調べ、中3の夏にはここまで見学に来たんです。結果として、高校からアメリカに行くより、ここで1ステップを踏んでから海外の大学へ進むプロセスもいいかなということになりました。だから、この学校に期待したのは英語や海外大学への進学準備ということでしたね。

――英語力は期待通りに伸びましたか？

　僕より凄い人たちがいて、しかもその差は大きいのですが、僕自身の変化で言えばこの３年間でよく伸びたと思います。卒業後に進学するアメリカの大学も決まっているし、ここでは骨のある科目である English Literature や World History などの学習経験なども考え合わせて、まあ英語は大丈夫かなって思いますね。海外大学への留学が目標だったので、これでスタート地点には立てたかなと思います。

――英語が伸びた一方で国語の勉強も続けられたのは、アメリカの私立高校に進んだ場合と比べて、アドバンテージではなかったでしょうか？

　そうですね、それは結構大きいですね。僕はずーっとアメリカでやっていくつもりはなくて、日本でもちゃんとやっていけるようにはなりたいのですが、ここで学ぶ中で、僕はまだ日本語もちゃんと使えてないと感じました。そこに気づいて、しっかりと国語を勉強できたのはよかったです。中学校レベルの国語力のままアメリカに行って、そして日本へ帰ってきていたら困ったでしょうね。

――卒業直前に満足度は高いようなのですが、あなたが文集に書いたものを読むと、入学直後は学校が「つまらない」って思っていたようですね。

　そうです。10年生の最初の頃、僕は他人のことには全く興味が持てないで、自分のことしか考えていない自分勝手な奴だったんです。周りに困っている人がいても、「関係ない」って放っとくんだから最低ですね。本音を話せる人もいなくて、人と分かり合えることもなくて、せっかく入ったKLASだって辞めても構わないと考えていました。
　そんな僕に変化が表れたのは10年生の終わり頃から11年生にかけての時期でした。寮っていうのは自分だけがよくてもダメなんですね。自分のことだけ考えているのはよくないというか、ダサイなって思っちゃったんです。

その頃にはもうみんなと仲良くなっていて、他の人のために何かしたいなって思うようになっていました。自分はみんなに支えられているっていう意識があって、それなのに自分は他の人に何もしてあげられないのはよくないのではないかって思い始めたのはこの頃です。それ以前は、みんなが協力して何かやっていても、そういうのは自分ではガラではないと思っていたし、他の人のために協力する気持ちにはなれなかったですね。でも、それではダメなんだって思うようになりました。
　そして、寮長の仕事をやってみようと思ったのは11年生の冬の頃です。その頃には、周りの人たちが他の人たちのために動いてくれているのに気づいたんですね。それで自分も何かやりたいなと思ったのが大きかったですね。それと、その頃、規則違反のために退学になる生徒がいました。その頃には僕も周りの子たちとうまくやっていけていたので、もうこれ以上仲間を失いたくないなと思いました。それでそういう違反行為をなくしてみんなでうまくやっていきたいと思いました。そういうことができるのは寮長ではないのかなと考えたのです。もっと良い寮にすることはできるんじゃあないかと。

――寮のどういうところを変えようとしたのでしょう。

　当時の寮は、良くも悪くも先輩の影響が強く出ていたんですね。今から思えば、先輩たちも良かれと思っていろんなアドバイスをしようとしていたはずなんですが、伝え方によってはそれがもとになって問題が起きてしまうんですね。窮屈そうに暮らしている人もいて、もっと楽に暮らせるだろうと思いました。「こういう風にしなきゃダメだ」というアドバイスは必要なんだけど、もっと上手に言わなくてはいけないと思いました。ほんのちょっとのことだけでよくなるはずだと。

――それで、寮長としてはどういうことに気をつけて仕事したのですか？

　全員が快適に過ごして欲しいと思っていました。でも、自分だけの家ではないのですから、自分勝手に行動していたらうまくいかない訳で、他の人と

みんなで過ごしているんだという意識が欠かせませんね。全員が快適に過ごすためには、他の人への気遣いが必要ですよね。

「ああしろ」「こうしろ」というアドバイスを受けてから動いているだけではダメで、自然にちゃんとできている人を見て、「ああ、自分もあんな風になりたいな」と思うような環境を作りたいなって思いました。

定例のミーティングでは「ああしろ」「こうしろ」という言い方をすることもありますが、悩んでいる子が祭父先生に相談している時にそこに立ち会うこともできたので、一緒に話を聞いてあげて、一緒に悩んで、自分の経験からアドバイスするようなこともやりました。

この1年で寮の中での問題は少なくなったと思います。僕だけじゃあなくて、いろいろと他の人のために動いたり努力している人がいるからではないかと思います。

——10年生の頃と比べるとずいぶん成長してきたようですね。

そうですね、先にも言ったように「もっとよくしよう」とか「こうしたらよくなるんじゃあないか」という向上心のようなものを持てるようになってからは、それが原動力になっていろいろと動けてきたように思います。その向上心を持たせてくれたのがこの学校だったのかな。「どうでもいいや」って思っていた時から向上心の大もとはあったはずですが、向上心の枠が広がりましたね。

——卒業後はどうしますか？

カリフォルニアにあるLoyola Marymount Universityへの進学が決まっていて、ビジネスを専攻します。そこで、英語をさらに磨きつつ、経営について勉強して、将来は自分で事業を興したいと希望しています。

アメリカの生活には小さい頃から憧れてきましたが、大学後もずーっとアメリカでやっていくつもりはなくて、日本を拠点にして何か日本と海外をつなげる仕事ができたらいいなと思います。

――どんな大人になりたいですか？

　ここでの経験がなかったら今の自分はなかっただろうと思うのですが、ここで学べたことをぜひ、今後につなげていきたいですね。具体的に言えば、自分だけでなく、他の人も幸せにできる大人っていうことでしょうか。感謝されるくらいになれば自分も幸せになれるのではないでしょうか。

5. 服部 映美さん（12年生、2014年卒）

――3年前にこの学校に行きたいと思った理由は何でしょう。

　もちろん普通の高校に行くより英語力はつくだろうなという期待はありました。それとスイスの山の環境とたくさんの学校旅行です。私は世界を見てみることに興味がありました。いろんな人の価値観に触れてみたかったので、学校旅行の多さは魅力でした。
　インターナショナル・スクールに行けば英語力はつくだろうと思いましたが、将来は海外に出て行くだろうと考えていたので、国語や日本のことをしっかりと勉強できるこの学校を選びました。自分を確立することも大切だと思います。外へ出て行くのなら日本人としてちゃんと自分を主張できるようになってからでないと、中途半端になって、結局何にも属せなくなってしま

う不安がありました。

——3年経った今、その頃の期待を振り返ってどうですか？

　英語については、もっとしっかりやっておけばよかったかなという思いはありますね。カナダの大学へ進学するのですが、先輩の話なんかを聞いても何とかなるだろうと思うものの、レベルの高い学校なのでついていけるか心配です。
　英語でやる授業は好きでした、特に English Literature が。国語の授業の進め方や扱う題材と比較しながら授業を聴いていると面白いですね。
　日本語は語彙がたくさんあっていろんな表現方法があるので、文学としては美しく豊かですよね。でも、メッセージを伝えるという意味では、いろんな解釈が可能なので、常にその趣旨を流れの中で汲み取っていかなくてはならないですね。授業では、一つしかない答えに突き進もうとします。その反面、英語は表現がシンプルで言いたいことは分かりやすいのですが、今度はシンプルが故にいろんな解釈が可能になり、授業はその多様さを大切にしています。こういう違いを考えながら授業を受けていると、English Literature は新鮮でした。
　先に上げた自分を確立するという意味では、確実に日本の高校へ行っていた場合とは違うものの見方ができるようになったと思いますが、その一方で、自分が日本人であることをより強く感じるようになりました。日本を、外から少し違った視点で見ることで、いつも「良くも悪くも自分は日本人なんだ」と強く感じていました。
　3年間でいろんな人と出会いましたが、いつも聞かれるのは名前の次に Nationality というか出身国なんですね。インターナショナルな環境で暮らす人にとって大事なことなんですね。

——3年前には、いろんな価値観に触れてみたいという期待を持っていたようですが、このことについてはどうですか？

実はですね、寮生活をしていて、同じ日本人でも一人一人の考え方、価値観はずいぶん違うことに気づきました。世界を見たいと思って日本を出てきたんですが、10年生の時に、日本人の中でも自分の常識と他人の常識はこんなにも違うということに驚きました。でも、これって異文化理解と同じことなのかなって思いました。
　日本全国から集まってきた人とコミュニケーションをとりつつ、いろんな問題を解決してきた経験は自信になりましたね。これからカナダの大学でまた寮生活なんですが、何とかなるんじゃあないかなって今は思えます。だって、日本人同士の価値観を超えていくことは、国境や文化の価値観を超えることとさほど違わないじゃあないですか。

——中学生の頃と比べて、どこがどんな風に成長したと思いますか？

　中学では友だちはたくさんいたんですが、友人とはある程度の距離を置きながら、広く浅くつき合っていました。寮に入って、それではやっていけないと思いました。この環境で、前より他人の気持ちを考えるようになり、他人がそこにいることを意識するようになりました。友だちづき合いが苦手だった訳ではありませんが、以前は人に興味が持てていなかったのでしょう。でも今は、人の考えを知りたいと思うようになりました。これは私にとっては大きな成長なんだと思います。
　自分の考え方だけにこだわらずに人の考えも知ろうと思うのは、自分の視野を広げてくれますね。英語の授業でも歴史の授業でも、同じ事柄を別角度から見てみるということをよくやります。自分には見えていないものでも、他人には見えていることがあります。それが見えれば、物事が全く逆に見えるようになることもある。そうすると、今まで当然のように考えていたことも疑問に思えてくるんですね。そういう意味で、もっともっと人の考えを聞きたいと思うようになりました。

　中学生の頃は漠然と世界を見てみたいと思っていましたが、こっちに来てからは、物理的に世界を見たいというのではなくて、価値観とかものの

4章　世界への旅立ち

考え方を含めた、人それぞれの世界観を見てみたいというものに変わっていきました。

　成長できたことに、以前より積極的になったことが上げられます。私は、自分から何かをするような子ではなかったのですが、今ではやりたいことがあれば自分から動けるようになりました。この学校ではいろんなことをさせてもらいましたが、こんな自分に変われたのは、10年生のKumolympicsの時にダンスメーキングを任されたのが最初の始まりなのです。中学でダンスをやっていた自分の経験が買われて、何かに携われたのが嬉しくて、そこから積極性が出てきました。その後は、MUNやネパール、ザンビアなどへのボランティアトリップなどいろんなことに挑戦しました。特にMUNは自分自身への挑戦でした。英語で調べて、英語で議案書を書く作業は、どこまでやればよいのかは自分自身にかかっています。ここまで、と思ったらそこで終わってしまうので、どこまで自分の限界を伸ばせるかという思いで頑張りました。

――今後の計画は？

　カナダのQueen's UniversityでLiberal Artsを勉強します。専攻希望は心理学です。世界を知ろうと思って日本を飛び出した私ですが、人の考えや価値観の相違などに興味が移っていきました。興味の対象が次第に人に向かっていったのですね。まだ興味関心の細かな対象は分からないので、Liberal Artsで幅広く勉強しながら心理学を志そうと思っています。

――卒業文集で「私のKLASでの3年間は何だったのだろう」と自問しています。この答えは見つかりましたか？

　今、KLASについて思っていることは今の目線でしか見ていなくて、将来、自分が大きくなって振り返った時にもっと価値のあるものとして理解できるのではないかと思います。外の世界と比べてみないと分からないことがあるように思います。

6.3 年間で得た自分なりの答え

　以上はインタビュー形式で得られたコメントを発言の趣旨に忠実に文章として再現したものです。

　私は、インタビューの最中、または後で録音を起しながら、どの生徒も、これほどまでに深い思いが込められていることにあらためて驚かざるを得ませんでした。生徒がどんな期待や不安を胸にしてこの学校に入学してくるか。どんな思いで寮生活を送っているか。新しい世界が広がる中でどんな発見をしていくか。そんな事柄は私には分かっているつもりでいたのかもしれませんが、そうした私の「分かっていたつもり」よりもさらに深いところで、彼らは物事を感じ、考え、行動していたことをあらためて気づかされたインタビューでした。

　思いは言葉にすれば、手で砂をすくう時のように大切な部分がこぼれ落ちてしまいます。言葉にできるのは思いの結晶化された部分ですから、言葉だけを見れば、美しく、精緻なものとなり、そこに固定されてしまいます。簡単に言葉にならない部分に大切なことが含まれていそうですが、それを知っているのは自分だけですから、表現のためにはそれを絞り出すような努力が必要です。彼らは私の前で懸命に言葉を紡いでいました。

　　　「自分を変えたい」思いがあった渡部さんは、ルームメイトとの間で生じた軋轢が大きな転機となり、変化が生まれたと振り返っています。寮での人間関係の広がりを積極的に評価しています。余裕を持って人の気持ちを受け止めることができるようになったことで大きな自信となったようです。

　　　荒井君が生徒会長をめざしたのは目標とする先輩の影響だったようです。あえてサポート役に回るリーダーシップは現代の若者らしいスタイルですが、それはやはり、Respect others の環境から自分なりにつかんだ方法なのでしょう。自分というものをしっかりと築いていて、楽しみな夢も語ってくれました。

4章　世界への旅立ち

　　　鋭く自分を洞察する山崎さんは、3年間の総括がすでにできているようでした。「学び取った三つ」は自分自身で何度も考え抜いてでき上がった自分の答えなのだと分かります。越えていくべき「お母さん」も、今は肩の力を抜いて語られています。

　　　ふだんからクールに見える関野君から、これほど熱い話が出てくるとは正直、意外でした。「そういうガラじゃあない」と思っていた彼が立ち上がったのは「周りの人が他の人のために動いてくれていることに気づいた」からだと言います。窮屈に暮らしている人に「もっと楽に暮らそうよ」とアドバイスする先輩に成長しました。

　　　観察眼の鋭い服部さんは、授業にも寮生活にも異文化理解を見ているのでした。人に興味を持つようになったのは自分に起きた大きな成長だったと自覚しています。視点の変化を世界観の広がりとして認識できる程に、大人の見方ができるようになりました。

　インタビューに応じてくれた5人は、皆が自分の心の中や周囲に起きた変化を冷静に見つめながら、ある時は一つ一つ言葉を選びながら、またある時は今でも溢れ出るような感情を抑えながら滔々と語ってくれました。3年間を振り返るという行為が、彼らにとっては単に時間軸を戻してみることとは全く違って、特別な意味を持っているのです。特別な思いをわき起こすことなく、この3年間を振り返ることはできない。そうした厳粛とも言えるような姿勢で自分の物語を語っているのでした。
　その特別な3年間は、世界観を変えるような大きな意味を持って、彼らの精神を揺さぶり、それゆえに自分にとって抜き差しならない命題を何度も繰り返し自問自答した時間だったのでしょう。その結果として得られた自分なりの答えは、他の人には分からないが、自分にとっては確固としたものであり、大切なものであるのです。その大切な自分なりの答えを私の前に示してくれているようでした。

人生で最も多感な時期に、親もとを離れ、日本を出て、外国語を学びながら、仲間と暮らしました。周囲をよく見て、自分を見つめ続けた3年間に得られた自分なりの答えは、彼らにとってかけがえもなく大切なものです。これから、大学で学び、社会へ出て、家庭を築いていく中で、この答えに修正を迫られることもあるでしょうが、生涯を通して探し求めることになる人生の答えの「修正原案」としては十分に通用するでしょう。

終章
時代に先駆けた KLAS

　あとがきに代えて、この英語を中心とした学校の歴史を振り返り、また、その取り組みがどのような時代背景の中で行われたかについても言及してみます。

1. KLAS の歩み

　公文式で知られる公文教育研究会の創立者・公文公が 1990 年、この地に KLAS を設立したのは真の英語教育と国際教育をめざしてのことでした。80 年代、日本の企業の海外進出が盛んになると、日本ではどうやって使える英語力を身につけさすか、どこへ行ってもやっていける人材をどう育てるかは大きな課題として認識されていました。「国際化」ということがテーマになっていた時代です。そんな中、日本ではなかなか実行できないことを、思い切ってスイスの地で試してみようという挑戦が始まりました。

　しかし、それまでに勉強や生活の両方に日本語と英語を使うバイリンガルの学校というものは誰も見たことがない訳で、決して簡単な事業ではありません。英語を母語とする先生による英語授業にしても、全寮制学校（ボーディング・スクール）にしても理屈では理解できても、実践レベルで明瞭にイメージできる訳もありません。

　そのために、この事業を隣接する LAS（Leysin American School）との合弁で開始することになりました。始まったばかりの KLAS は 30 年の歴史を持つ LAS の教育実践の成果を活用でき、両校は互いの交流を教育活動に役立てる構想でしたが、間もなく教育方針の違いがあらわになります。本校のめざすべきは、日本人のための英語、国際教育であり、LAS のそれとは同じ

ではありません。経営の方針をめぐる齟齬もありました。結果として95年に共同運営を諦め、KLASはKUMONによる独立運営となり、今に至ります。

ただし、振り返ってみれば、今でもKLASの教育システムが取り入れている学校旅行などの特長あるプログラムはLASの教育的資産によるところが大きく、KLAS創立期におけるLASの貢献は小さくはないと言わなくてはなりません。

そして、1996年にJCP（日本大学進学準備）とACP（アメリカ等大学進学準備）プログラムを開始し、より日本人に合わせた英語プログラムと日本人のための国際教育を充実させることができるようになります。

その後、2000年代になると、日本の大学入試事情がAOや推薦入試の多様化によって大きく様変わりし、それに対応するために、2013年にJCP/ACPは各々MBP(Main Bilingual Program、国語／英語をバランスよく学習する）とAEP（Advanced English Program、より多くの科目を英語で勉強して英語の伸長をめざす）に改編されました。これにより、生徒はより柔軟に教科の学習と進路を選べるようになりました。

また、英語教育のプログラムにおいても、急速に発展しつつある外国語習得のための指導理論を生かしながら、日本人学習者の特性に合わせて改善を進めてきました。

生活面においては、原則としては創立以来の伝統であるdiscipline（規律を重んじる指導）の考え方にもとづく生徒指導を堅持してきました。ただし、これは契約的に自己責任を生徒に求めるものですから、日本の生徒や保護者には馴染みのないものです。考え方の周知を徹底し、指導現場において十分なケアに努めながら進めてきました。

2. 時代の一歩前を

創立以来の25年を振り返ってみると、学校が向かおうとする方向は日本の教育改革の方向と大きく重なることに気づきます。さらに、方向だけでなく、そのタイミングと改革の確実さにおいてKLASが良き先行例となっていたと言えるでしょう。

終章　時代に先駆けた KLAS

2-1 コミュニケーション能力をめざした KLAS の英語

　KLAS の英語が成功している秘訣は、コミュニケーションの練習を重視した指導にあります。その考え方は、一言で言えば、文法や読解の練習をいくら繰り返してもコミュニケーション能力はつかないので、コミュニケーション能力を向上させるには聞いたり、話したり、書いたりする練習を学習者の能力と興味に合わせて豊富に行わなければならないとするものです。

　日本においてこの考え方を実践することは容易なことではなく、20 年も 30 年も前から試行錯誤がなされています。思うにまかせない日本の英語界の改革と KLAS の英語との関係を考えてみます。

　日本では多くが中学から大学まで 10 年間も英語を勉強しますが、大卒者でもそのままでは自信を持って英語を使ってコミュニケーションをとれない場合が多く、英語教育の改革は長年の課題です。まず、その改革の流れを見てみましょう。

　高校の学習指導要領「外国語」の目標に「コミュニケーション」の文言が入ったのは第 5 回改訂の 1989 年のことです。ここから、英語授業の中に「コミュニケーションを図ろうとする態度を育てる」指導が始まりました。英語科目の中にはじめて、「オーラルコミュニケーション」「リーディング」「ライティング」などの実践的な科目が入りました。加えて、教室で使える教材も柔軟にして、英語を使用する活動を活発にしようとしましたが、現実にはなかなか期待通りには運びませんでした。

　2009 年の第 7 回改訂では、英語使用に強制力を持たすために「英語の授業は英語を基本とする」と定めて、2013 年から全国の高校で実施されています。

　この場合、「基本とする」は日本語で教えることもあるという意味であり、事実、文部科学省の調査によれば、2014 年現在、教室で発話の 50％以上を英語で行っていると回答した先生は、16.5％に留まっています[1]。

1「平成 26 年度英語教育改善のための英語力調査事業報告書」（英語教育改善のための英語力調査の分析に関する検討委員会）より

こうした改革の要諦は、「聞いたり、話したり、読んだり、書いたりする言語活動」を授業に取り入れていくことですが、21世紀になると世界がボーダーレスと呼ばれる状況に突入していくにもかかわらず、改革も未だ道半ばという状況のようです。
　それに対して、KLASでは「英語で教える」基本は創立の当初から完全に履行しています。言語活動の方は、はじめから「英語学習に言語活動を取り入れる」を飛び越えて、新機軸とも言える「言語活動の中で英語学習を行う」方法を採用して実行しています。さらにそれを一般教科の指導にも応用している状況です。KLASが学校全体で「使える英語」が実現できているのは、「英語を使う」ことを四半世紀前から実践してきたからに他なりません。

2-2「人間的な成長」と生きる力

　高度経済成長以降の日本では家族関係が核家族化し、その後、社会も情報化して、人間関係が希薄になる中、子どもたちが周囲の人間と良好な関係を築く力は次第に弱まっていると思われます。
　その一方、KLASでは全寮制の特長を生かして「人間的な成長」を確実なものにしてきました。生徒たちは寮生活を通して、失いつつある生の人間関係を経験し、喜びと困難の中から精神的に成熟していきます。
　この問題に日本社会はどう対処してきたでしょう。それと「人間的な成長」はどのような関係にあるでしょう。
　子どもたちの精神的な脆弱さは、90年代当時、社会的な話題になりました。小・中学生の痛ましい自殺報道がセンセーショナルに広がると、これを後追いするかのようなケースが続き、社会の中にも命の大切さ、心の強さ、状況の変化にも対応できるしなやかさを訴える声を数多く聞くようになりました。「生きる力」の育成が教育改革の論議の中に出てきたのはそのような時代でした。
　1996年の中央教育審議会答申「21世紀を展望した我が国の教育の在り方について」の中から、「生きる力と教育」の部分を見てみましょう。

終章　時代に先駆けた KLAS

　我々は、これからの子どもたちに必要となるのは、いかに社会が変化しようと、自分で課題を見つけ、自ら学び、自ら考え、主体的に判断し、行動し、よりよく問題を解決する資質や能力であり、また、自らを律しつつ、他人とも協調し、他人を思いやる心や感動する心など、豊かな人間性であると考えた。(中略) 我々は、こうした資質や能力を変化の激しいこれからの社会を「生きる力」と称することとし、これらをバランスよく育んでいくことが重要であると考えた。

　これを受けて、学習指導要領の第6回改訂（1998年）では、「生きる力」の育成を図るべく、①前回改訂から取り入れられてきた、いわゆる「ゆとり」のカリキュラムの中で、各校に特色のある教育を行うことを求め、②「総合的な学習の時間」の創設を盛り込みました。
　当時、この改訂を見て私は、「生きる力」はまさに本校の言う「人間的成長」のことであると意を強くしました。生徒たちは家族と暮らす住み慣れた環境から飛び出し、スイスで外国語を使いながら全寮制の生活に飛び込みます。そこでは想像もしなかった問題に遭遇します。それを周囲と話し合いながら主体的に解決します。そういう彼らに「社会を生きる力」を発揮できる下地が十分に備わっていることは疑う余地もありません。
　「総合的な学習の時間」は、既存の科目で学ぶことが知識偏重になりがちで現実の問題に対処する知恵に結びつかないので、獲得した知識や技術を科目横断的に応用できる場をめざすものでした。本校では、年に2回行われる文化旅行の際に書くトリップレポートがまさにこれであるし、Research Project（課題研究）や Global Issues（地球規模の諸問題）のような統合的な学習に力を入れてきたのも同じ趣旨です。

　世の中が必要としていた英語指導における言語活動にしても「生きる力」にしても、KLAS はずっと前から試行錯誤を始めていました。21世紀になってやっと時代が KLAS を追いかけ始めたように思います。

英語で学べば世界が見えてくる

- スイス公文学園高等部の英語 -

2015年8月　初版第一刷発行

著者　渡邉　博司
装丁　唐木田敏彦

発行人　志村　直人
発行所　株式会社くもん出版
　　　　〒108-8617　東京都港区高輪4-10-18
　　　　京急第1ビル13階
　　　　電話　03-6836-0301（代表）
　　　　　　　03-6836-0317（編集部）
　　　　　　　03-6836-0305（営業部）
　　　　http://www.kumonshuppan.com/

印刷所　三美印刷

NDC370/ くもん出版・160P/210mm/2015年
©HIROSHI WATANABE
Printed in Japan
ISBN 978-4-7743-2417-3

乱丁本・落丁本はおとりかえします。本書を無断で複写・複製・転載・翻訳することは、法律で認められた場合を除き禁じられています。購入者以外の第三者による本書のいかなる電子複製も一切認められていませんのでご注意ください。

CD 34215

くもん出版の本

スイスの山の上に
ユニークな高校がある

スイス公文学園高等部の秘密

■四六判　■大西展子 [著]　■定価　本体 1200 円＋税

本格的な英語教育や自立を育む寮生活を中心とした教育を通し、真の国際人の育成をめざした、スイスにある全寮制の私立高校「スイス公文学園高等部」。本書は、生徒たちの日常生活や、卒業後の進路、彼らが思い描く将来像などに触れながら、学校の理念や独自の教育プログラムを紹介したルポルタージュ。